EL NIÑO Y SU MUNDO

Los primeros pasos del bebé

Ejercicios para el primer año de vida de tu hijo

Susan Fox

ONIRO

Título original: *Baby Steps: Exercises for Baby's First Year of Life*
Publicado en inglés por Berkley Publishing Group, a division of Penguin Putnam Inc., New York

Traducción de Bibiana Lienas

Diseño de cubierta: Valerio Viano

Fotografía de cubierta: Gertie Burbeck

Distribución exclusiva:
Ediciones Paidós Ibérica, S.A.
Mariano Cubí 92 – 08021 Barcelona – España
Editorial Paidós, S.A.I.C.F.
Defensa 599 – 1065 Buenos Aires – Argentina
Editorial Paidós Mexicana, S.A.
Rubén Darío 118, col. Moderna – 03510 México D.F. – México

ISBN: 84-95456-86-9
Depósito legal: B-48.071-2001

Impreso en Hurope, S.L.
Lima, 3 bis – 08030 Barcelona

Impreso en España – *Printed in Spain*

Padre Nuestro que estás en los cielos, gracias
por el precioso regalo de la vida.
A todos los niños, que son nuestra inmortalidad, los niños
de nuestro corazón y de nuestra alma, con los que podemos
compartir lo mejor de lo que podemos ofrecerles.
A mi hija, Kate, a quien quiero más que a todas
las estrellas del firmamento, más que a todos los colores
del arco iris, más que a todas las gotas de lluvia que caen
de las nubes.

Agradecimientos

Invertí más de cinco años en escribir este libro, que jamás habría sido posible sin la paciencia, la generosidad y los deseos de ayudar de muchas personas.

Mi especial agradecimiento a:

Las talentosas terapeutas Wendy Lind y Linda Rutter, que me ofrecieron tantos conocimientos, experiencia y tiempo, y que creyeron en este libro.

Los destacados profesores de terapia del desarrollo neuronal, incluyendo a los Bobath, Jutta Sternberg y Gay Girolami, que me proporcionaron conocimientos y experiencias de aprendizaje inestimables.

Gloria Coronado, que con su espíritu y habilidades analíticas y de organización, transformó este libro a través de varias revisiones; nunca habría sido posible sin su ayuda.

Julie Chi, que siempre estuvo a mi lado con su compromiso entusiasta y sus excelentes habilidades en el ordenador y en la cámara digital y que trabajó largas noches para entregar el libro dentro del plazo previsto. Le estoy muy agradecida y me siento muy honrada de haber podido trabajar con ella.

También deseo expresar mi agradecimiento a mi agente, Margot Maley Hutchison, que se arriesgó al confiar en una autora novel, y a Alison Blake, que proporcionó un trabajo de corrección excelente, creativo y lleno de sensibilidad, lo que contribuyó a que el libro encontrara editor. ¡Sois las mejores!

Gracias también a Patty King de Penguin Putnam, que actuó como un auténtico paladín e hizo mucho más de lo que le correspondía.

Y a mi hija, Katie, que renunció a horas y horas de tiempo con su madre.

A Sandy Senter, Mike y Janet Porter, Diane Fogdall, Doreen Twohy, Pam Bissell, Barbara Grewell, Marie Eng, Eve Riskin, Cathy y Patrick Chase, mi más sincera gratitud y reconocimiento por todo lo que han aportado.

Y por último, una sincera ovación para los padres y bebés fotografiados, que se compartieron unos a otros.

Índice

Índice de ejercicios para el bebé 13
Introducción 17

1. Tranquilidad y bienestar 23
Antes de empezar: Consejos para hacer frente a un bebé nervioso o con tendencia a las pataletas 25
Es el momento de empezar 27
Ejercicios 30
Aprender a comer 40
Aprendizaje y juegos 45
Logros del bebé 51
«¿Puede decirme por qué...?» 51

2. Puedo levantar la cabeza 59
¡Espabílate, levanta la cabeza! 61
Habilidades del bebé para empezar 62
Ejercicios 63
Aprendizaje y juegos 69
Logros del bebé 75
«¿Puede decirme por qué...?» 76

3. Puedo darme la vuelta 80
Habilidades del bebé para empezar 81
Ejercicios 82
Aprendizaje y juegos 90

Logros del bebé 96
«¿Puede decirme por qué...?» 97

4. Puedo incorporarme y sentarme 101
Habilidades del bebé para empezar 106
Ejercicios 107
Puedo beber de una taza y comer con cuchara 114
Ejercicios 115
Aprendizaje y juegos 121
Logros del bebé 128
«¿Puede decirme por qué...?» 129

5. Puedo gatear 132
¡Ha llegado el momento de gatear! 134
Habilidades del bebé para empezar 137
Ejercicios 138
Aprendizaje y juegos 144
Logros del bebé 150
«¿Puede decirme por qué...?» 151

6. Puedo ponerme de pie 154
Cómo se pone de pie un bebé 155
Habilidades del bebé para empezar 157
Ejercicios 158
Aprendizaje y juegos 165
Logros del bebé 172
«¿Puede decirme por qué...?» 173

7. Puedo andar 176
Habilidades del bebé para empezar 179
Ejercicios 180
Aprendizaje y juegos 187
Logros del bebé 194
«¿Puede decirme por qué...?» 195

8. Pies, pies, pies 198
¿Zapatos o descalzo? 199
Alineación de los pies 201
Ejercicios 203
«¿Puede decirme por qué...?» 209

9. Niños especiales, padres especiales 211
Prematuros 214
Ejercicios 219
«¿Puede decirme por qué...?» 223
Puntos clave 227
Bebés con grandes necesidades 228
Ejercicio 232
«¿Puede decirme por qué...?» 235
Puntos clave 238
Bebés con asimetría 239
Ejercicio 242
«¿Puede decirme por qué...?» 244
Bebés con tono muscular reducido 248
Ejercicio 253
«¿Puede decirme por qué...?» 256
Puntos clave 259
Bebés con retraso del desarrollo 260
Ejercicio 265
«¿Puede decirme por qué...?» 269
Puntos clave 273
Unas palabras sobre el tratamiento pediátrico 274

Epílogo 279

Índice de ejercicios para el bebé

1. Tranquilidad y bienestar

- Acunar al bebé, 30
- Cara a cara, 31
- Me estiro hacia delante y toco a papá/mamá, 32
- Coge mi mano, 32
- Acunar al bebé, 33
- Ayuda para expulsar los gases o defecar, 34
- Ejercicios durante el cambio de pañales, 35
- Inclinación con la barriga, 36
- Ejercicios con un globo, 49

2. Puedo levantar la cabeza

- Ejercicios con una almohada mullida, 63
- Flexiones del pecho del bebé, 64
- ¡Mete la barriga!, 65
- Abdominales para el bebé, 66
- Juegos en el regazo, 73

3. Puedo darme la vuelta

- Doy la vuelta de lado, 82
- Dame ese juguete, 83
- Me pongo boca abajo, 84

- Encuentro mi pie, 85
- Abrazo y me estiro, 86
- Rocanroleo, 87
- Me toco los dedos de los pies, 94

4. Puedo incorporarme y sentarme

- El padre o la madre como parque de juegos, 107
- El padre o la madre como silla, 108
- Abrazo el balón, 109
- Ejercicio tonificante para el abdomen, 110
- Doy una vuelta, 111
- Aprendo a lamerme los labios, 115
- Como con cuchara, 116
- Bebo de una taza, 117
- Higiene bucal del bebé, 118
- El bebé en una cesta, 125

5. Puedo gatear

- Voy en un avión, 138
- Monto a caballo, 139
- Rodamientos de la parte superior del cuerpo del bebé, 140
- Una toalla para gatear, 141
- Me incorporo en una postura de gateamiento, 148

6. Puedo ponerme de pie

- Sobre mis rodillas, 158
- El ascensor, 159
- Me pongo de pie mientras me abrazan, 160
- ¡Mira qué alto soy!, 161
- Permanezco de pie apoyado contra la pared, 162
- Permanezco de pie mirándome al espejo, 168

7. Puedo andar

- Levanto una pierna: doy vueltas, 180

- Empujo una silla, 181
- Empiezo a dar los primeros pasos, 182
- Chuto la pelota, 183
- ¡Mira qué alto soy!, 184
- Me voy de compras, 190

8. Pies, pies, pies

- Tiendo un puente, 203
- Me cepillo los pies, 204
- Camino de lado, 205
- Juegos con los pies, 206
- Caballito mecedor, 207

9. Niños especiales, padres especiales

- *Prematuros:* Reposo y relajación, 219
- *Bebés con grandes necesidades:* Acurrúquelo y póngalo cómodo, 232
- *Bebés con asimetría:* Ayúdelo a ponerse derecho, 242
- *Bebés con tono muscular reducido:* Piernas bien juntas, 253
- *Bebés con retraso del desarrollo:* Ejercicios para que aprenda a jugar boca abajo, 265

Introducción

Los próximos años constituirán toda una aventura. Su bebé, tan indefenso en este momento, aprenderá a gatear, a andar, a hablar y a explorar el mundo. Antes de lo que usted se imagina, su bebé será un niño pequeño que irá camino de la escuela.

Los divertidos y sencillos ejercicios de *Los primeros pasos del bebé*, basados en mis veinte años de experiencia como terapeuta del desarrollo neurológico, pueden preparar a su hijo para este gran día. Estos ejercicios parecen un «juego infantil», pero están planeados cuidadosamente para ayudar a su bebé a alcanzar su pleno potencial físico y mental.

Es posible que como padre o madre se pregunte, ¿necesita *en realidad* hacer ejercicio mi hijo? La respuesta es un rotundo sí. Los bebés que practican las habilidades físicas mejoran su fuerza, equilibrio, coordinación, habilidades visuales, destreza e incluso las habilidades de atención y de memoria, y los niños que dominan estas habilidades básicas serán más fuertes, disfrutarán de una mejor coordinación, tendrán más seguridad en sí mismos y es posible que incluso sean más inteligentes.

En realidad, el ejercicio durante el primer año de vida del bebé puede ser más importante que el ejercicio en años posteriores de la vida. La razón de ello es que el cerebro de su bebé, lejos de estar plenamente formado al nacer, cambia día a día. Al nacer, todas las células nerviosas están en su lugar apropiado, pero todavía se están formando las conexiones *entre* dichas células, y las investigaciones más recientes demuestran que este proceso de «formación de los sistemas de circuitos» en el cerebro depende en buena parte de las experiencias del bebé desde el nacimiento hasta los tres años. Cuando un padre brinda a su bebé las oportunidades de moverse y explorar, está desarrollando las vías cerebrales que se traducirán en logros académicos y en habilidades físicas en épocas posteriores de la vida.

Además, muchos bebés (incluso los que parecen desarrollarse según lo previsto) pueden tener problemas con la coordinación, el equilibrio u otras habilidades decisivas que son necesarias para gatear, andar y para otros estadios del desarrollo. Con la ayuda de esta obra, los padres serán capaces de detectar precozmente los problemas y de ponerles remedio *antes* de que constituyan un obstáculo para el progreso de su hijo. Y esto es muy importante, porque los bebés que no dominan los estadios críticos del desarrollo no dispondrán de una buena base para el desarrollo de las habilidades futuras.

Aunque este libro está destinado a mejorar las habilidades del bebé, también está pensado como un pasatiempo divertido para su hijo, y para todos los miembros de la familia que deseen participar. Incluso los hermanos y hermanas más pequeños pueden participar en los ejercicios, siempre que lo supervise el padre o la madre. Por otra parte, estos ejercicios no son en absoluto perjudiciales para el bebé. Como terapeuta pediátrica, he tratado de planear ejercicios que no afecten al desarrollo de las articulaciones y músculos del bebé. Los ejercicios están ordenados de modo que cada nueva habilidad se enseñe en la secuencia correcta, justo en el momento en que su bebé está preparado para aprenderla. Y esto es importante debido a que existe una «ventana de oportunidad» para aprender la mayoría de las habilidades. Si se intenta demasiado pronto, su bebé no estará preparado, y si se intenta demasiado tarde, la habilidad que podría haber surgido de manera natural será difícil de dominar. Por otra parte, he desglosado los ejercicios en pequeños pasos, para que sean más fáciles de poner en práctica tanto para el bebé como para sus padres.

Habilidades que su hijo puede desarrollar mientras realiza los ejercicios

Estas habilidades son los componentes básicos de un desarrollo satisfactorio. A medida que su bebé crece, cada habilidad se desarrollará a partir de las habilidades aprendidas previamente.

FUNCIÓN VESTIBULAR. El sistema del oído interno indica a su bebé cuándo se está moviendo, y en qué dirección (lo que es decisivo para todas las habilidades que requieren un equilibrio, y para prevenir caídas y lesiones).

HABILIDADES MOTORAS GRUESAS. Las habilidades de los «grandes músculos», que incluyen los movimientos de los brazos, hombros, cadera y piernas, son muy importantes para la fuerza, equilibrio, estabilidad y coordinación.

HABILIDADES MOTORAS FINAS. La destreza con los dedos y otros movimientos ejecutados por los músculos pequeños son decisivos para actividades como escribir, dibujar, pintar, tocar instrumentos musicales así como actividades que requieren pequeños movimientos coordinados.

AUDICIÓN. Las habilidades auditivas ayudarán a su bebé a saber diferenciar los sonidos y voces, a imitar sonidos, seguir instrucciones, aprender nuevas palabras y a desarrollar las habilidades relacionadas con la memoria (lo que es decisivo para el habla, el desarrollo del lenguaje y el aprendizaje).

HABILIDADES VISUALES. Enfocar y «seguir la trayectoria» de los objetos con los ojos son habilidades que el bebé necesita para conocer su entorno, lograr una buena coordinación óculo-manual y conseguir habilidades académicas como la lectura, la escritura y la ortografía.

HABILIDADES SENSORIALES. El sentido del tacto y la sensibilidad a la temperatura y la «conciencia del propio cuerpo» son necesarios para que el bebé adquiera un conocimiento de sí mismo y de los demás, aprenda conceptos espaciales y desarrolle «patrones» mentales para saber y recordar cómo moverse; estas habilidades también son necesarias para desarrollar otras aptitudes como comer, cepillarse los dientes, el adiestramiento en la utilización del orinal/váter y escribir.

HABILIDADES COGNITIVAS. Para que el bebé obtenga resultados satisfactorios en la escuela y triunfe en la vida, son necesarias habilidades como la memoria a corto y largo plazo, que tenga capacidad de organización, capacidad para prestar atención, para recordar y ordenar mentalmente la información, para resolver problemas y para seguir instrucciones.

Si su bebé es un recién nacido, es necesario que empiece con los ejercicios de «Tranquilidad y bienestar» del capítulo 1. Estos ejercicios no son en absoluto perjudiciales y resultan divertidos incluso para un bebé de muy corta edad, al que ayudarán a aprender a relajarse y pasarlo bien en un mundo fascinante (aunque en ocasiones aterrador), y además a aprender cómo mamar correctamente e incluso a defecar y expulsar los gases sin problemas. También le ayudarán a aprender a integrar las miradas, sonidos y el tacto, un importante paso en el aprendizaje precoz.

A medida que su bebe crezca, otros ejercicios como «abrazar el balón» y el de rock and roll le ayudarán a desarrollar habilidades que incluyen ponerse boca arriba y boca abajo, ponerse derecho, gatear y andar. Los ejercicios adicionales le ayudarán a desarrollar unas habilidades sociales y de juego, la percepción visual y espacial, habilidades de razonamiento y de memoria, de conciencia del propio cuerpo, auditivas y las habilidades previas al lenguaje. Y si son ustedes padres de un bebé prematuro o un bebé con necesidades especiales, en este libro encontrarán actividades especiales que ayudarán a su bebé a alcanzar todo su potencial.

Puesto que sé lo agotadora que puede ser la vida con un nuevo bebé, he planeado actividades de ejecución simple, que sólo requieren alrededor de dos a cinco minutos cada una, y para las que no es necesario un equipamiento complejo ni de precio exorbitante. De modo que tómense un descanso y disfruten practicando estos ejercicios con su bebé. Ambos lo pasarán muy bien y al mismo tiempo estarán brindando a su hijo la mejor base para un buen porvenir.

Precauciones

- Si su hijo tiene algún problema de salud que pueda hacer peligrosa la práctica de estos ejercicios, consulte a su médico antes de continuar.
- A pesar de que en algunos apartados de esta obra se describen enfermedades específicas, no debe utilizar este libro como una ayuda diagnóstica. Si siente alguna inquietud concerniente al desarrollo de su bebé, consulte a su médico.
- Si su bebé experimenta problemas importantes del desarrollo, este libro puede ser un suplemento pero nunca podrá reemplazar la evaluación de un profesional y un programa individual de tratamiento.

Capítulo 1

Tranquilidad y bienestar

¡Felicidades!, por fin tiene a su hijo en brazos. La larga espera ha terminado, y está iniciando una de las experiencias más fascinantes, divertidas, frustrantes, temibles, emocionantes y gratificantes de la vida.

Es muy probable que en estos momentos se sienta algo asustada de su nueva responsabilidad y mire con respeto este cuerpecillo frágil que acaba de traerse a casa y que exige tanta atención. Sin embargo, no se preocupe, es una reacción muy normal. Muy pronto, se habrá familiarizado con todo lo que se refiere a su alimentación, el cambio de pañales y los medios más eficaces de consolar al bebé recién nacido.

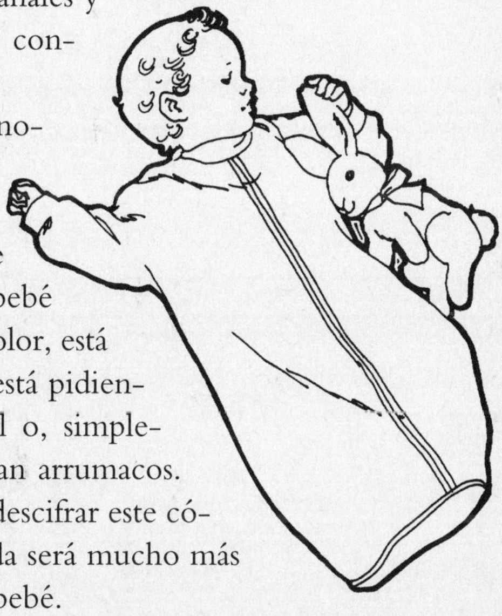

El primer paso para conocer a su hijo es comprender su lenguaje. El timbre, la intensidad y el tipo de llanto le indicarán si su bebé está hambriento, si siente dolor, está aburrido, tiene sueño o si está pidiendo que le cambie el pañal o, simplemente, si desea que le hagan arrumacos. Muy pronto será capaz de descifrar este código, y gradualmente la vida será mucho más fácil para ustedes y para su bebé.

Mientras tanto, su bebé también está aprendiendo. Está empezando a descubrir cómo succionar, cómo tragar y cómo enfrentarse al mundo más allá de la protección que le confería el claustro materno. Los sonidos, miradas, la temperatura y los movimientos inciden sobre el cuerpo recién expuesto de su bebé. Es probable que su hijo, que se irrita y se cansa con facilidad, no sepa cómo tranquilizarse. Seguramente en el hospital su hijo habrá sido sometido a extracciones de sangre, inyecciones, sujeciones u otros procedimientos médicos que han propiciado que sienta temor al contacto.

Además, al principio, los procesos naturales como la digestión, incluyendo la expulsión de gases y la evacuación, pueden abrumar a su bebé. Antes de nacer, el cuerpo de su madre llevaba a cabo todo este difícil trabajo, de modo que son experiencias nuevas para él. En el acto de comer y la defecación participa todo el cuerpo del bebé y el control de ambos procesos requiere cierto tiempo.

Durante esta época fascinante, pero estresante en la vida de su hijo, puede ayudar a su bebé encontrando los modos más confortables de llevarlo en brazos, alimentarlo, cambiarle los pañales y tranquilizarlo. Los ejercicios de este primer capítulo le ayudarán en este proceso de «familiarización», contribuyendo a que su bebé desarrolle las habilidades necesarias para comer, dormir y aprender a tolerar las nuevas sensaciones y cambios de posición.

Antes de empezar:
Consejos para hacer frente a un bebé nervioso o con tendencia a las pataletas

¿Presenta su bebé un episodio de pataletas o rabietas a diario? No resulta sorprendente que en ocasiones los recién nacidos den señales de «no poder más»; después de todo, estar «en el exterior» representa un trastorno, en comparación con la paz y la seguridad que les proporcionaba el claustro materno. Los momentos de agitación y las pataletas de un bebé pueden ser agotadores para toda la familia, de modo que es mejor prevenirlos siempre que tenga ocasión.

Es importante que observe cuándo suelen producirse estas crisis de rabietas o períodos de agitación, y trate de estar en casa en esos momentos. Asimismo, preste atención a los indicios que su hijo le ofrece sobre las cosas que lo tranquilizan. Por ejemplo, algunos bebés se muestran encantados con el movimiento y disfrutan enormemente cuando se les acuna y se les pasea. Para otros, los sonidos resultan muy relajantes mientras que otros bebés desean arrumacos y que los tomen en brazos. Es necesario que trate de averiguar qué tipo de respuesta prefiere su hijo: una mirada, sonidos, el simple tacto o los movimientos, y que le proporcione este tipo de consuelo y apoyo durante los episodios de nerviosismo y agitación.

Los movimientos como las caricias lentas, firmes y suaves son especialmente importantes para tranquilizar a un recién nacido. Por ejemplo, para muchos bebés, envolverlos con una manta es un consuelo, porque así perciben una sensación similar a la que experimentaban en el vientre materno.

Al principio, es probable que su hijo tenga problemas para hacer la transición desde el estado de vigilia hasta el de sueño. Después de todo, su bebé ha pasado nueve meses en la más completa oscuridad, arrullado por el latido cardíaco de su madre, el entorno perfecto para quedarse dormido y despertarse plácidamente. Ahora, de pronto, el bebé se encuentra en un entorno lleno de luz y ruidos que probablemente se parece más a... la Gran Estación Central. A su bebé le será mucho más fácil dormir si mantiene su entorno lo más silencioso y tranquilo que sea posible, y evita las luces intensas y los movimientos bruscos. Además, si su bebé con frecuencia se queda dormido en su cochecito de paseo, es aconsejable que considere adquirir una silla para automóvil que se convierta en un cochecito. Esto le permitirá trasladar a su hijo dormido desde el cochecito hasta la sillita del coche, y de vuelta al cochecito, sin perturbar una inestimable siesta.

Si su bebé sufre crisis de rabietas con mucha frecuencia, trate de intervenir *antes* de que el niño esté verdaderamente nervioso. Anticipe su hambre cuando se despierta y tenga a punto un biberón o déle el pecho. Esté siempre alerta en busca de signos de que el bebé está cansado *antes* de que se ponga tan nervioso que sea difícil calmarlo. Cuando el bebé se despierte, acuda inmediatamente a verlo, ya que en este estadio no sabe cómo esperarse o cómo consolarse.

Su bebé estará más cómodo si lo viste con ropa de algodón o con ropa de tejido suave cuyas etiquetas habrá retirado. Evite la ropa recargada, con volantes, o que irrita, los petos con tirantes o la ropa que debe quitarse por la cabeza del bebé. Al igual que usted, su bebé se siente más relajado si va vestido de manera informal.

El reflejo del sobresalto o de Moro

Los cambios de posición, incluyendo coger al bebé o dejarlo en la cuna, pueden provocar que los brazos y la cabeza del bebé pendan hacia atrás y hacia abajo. La pérdida súbita de apoyo, sin dejar que la cabeza caiga del todo, provocará este reflejo por el que el bebé extiende los brazos y abre rápidamente las manos y los dedos. Este «sobresalto» suele provocar miedo y es desagradable para la mayoría de los bebés y puede hacer que sus hombros y músculos de la espalda se tensen. A continuación se describen algunas técnicas simples para reducir la frecuencia del reflejo de alarma.

- Proporcione siempre un buen apoyo de la cabeza y hombros del bebé, rodeando sus hombros y manteniendo su cabeza, brazos y hombros hacia delante.
- Toque a su bebé firmemente, y después *espere varios segundos* antes de cogerlo en brazos o de moverlo.
- Cuando coja a su bebé en brazos o cuando lo ponga en la cuna, asegúrese de que lo mueve lentamente y con suavidad.
- Evite estirar los brazos y piernas de su bebé cuando le está cambiando los pañales, le está vistiendo o lo levanta.
- Evite los movimientos bruscos del tipo de los brincos o sacudidas o ponerlo de pie.
- Evite los movimientos de extensión con los brazos, manos, piernas o pies del bebé.

ES EL MOMENTO DE EMPEZAR

Es importante y en general más sencillo ayudar a su bebé a aprender nuevas habilidades cuando lleva a cabo las actividades cotidianas de cambiarle los pañales, vestirle, alimentarle, jugar con él y hacerle arrumacos. He empezado con ejercicios que tranquilizarán y proporcionarán bienestar a su hijo, integrarán su reflejo del sobresalto o de Moro, y le ayudarán a acostumbrarse al tacto y a otras sensaciones. Los ejercicios adicionales de este capítulo ayudarán a su bebé a ser un verdadero experto en el arte de alimentarse ya sea mamando o tomando un biberón.

Estos ejercicios y los ejercicios de juegos, que se describen al término del capítulo, también facilitarán el desarrollo sensitivo-motor y visual de su hijo y ayudarán a su bebé a conocer su cuerpo empezando a identificar sus manos, boca, su barriguita y otras partes de su cuerpo. Además, estos ejercicios harán que se muestre más impaciente por utilizar su cuerpo para tocar, ver y explorar el mundo que está a su alrededor.

Las actividades en este capítulo le permitirán la práctica de soste-

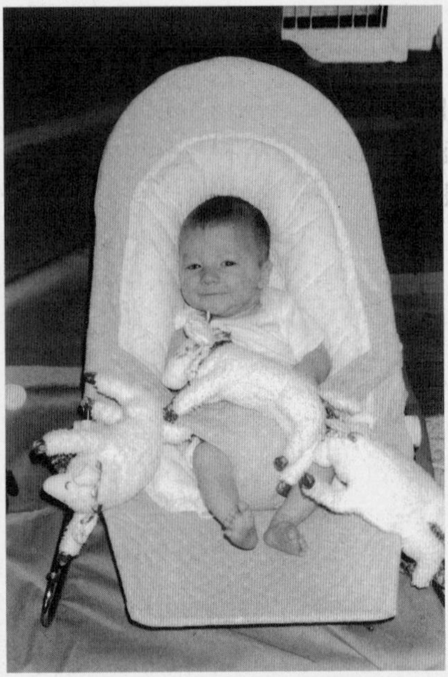

ner la cabeza sobre el centro (o línea media) de su cuerpo, como preparación para otras habilidades más avanzadas, como sentarse y andar. El bebé logra el control de la cabeza utilizando los músculos del cuello contra la acción de la gravedad. Con la cabeza centrada, el bebé experimentará una sensación de simetría y será capaz de iniciar sus propios movimientos, sus primeros pasos hacia la independencia, mientras disponga de un soporte y estabilidad seguros. Varios de los ejercicios en este apartado ayudarán a su bebé a saber fijar la vista o enfocar (una habilidad denominada «enderezamiento óptico») que es el primer paso para mantener centrada la cabeza.

Estos ejercicios pueden realizarlos los padres, cuidadores y abuelos, y en ocasiones incluso los hermanos mayores del bebé. Es una maravillosa forma de que toda la familia establezca sólidos vínculos afectivos con el nuevo miembro. Y aunque están destinados a desarrollar las habilidades del bebé, también se han pensado para que sean entretenidos, de modo que ¡disfrútenlos!

Habilidades del bebé para empezar

Para la mayor parte de los bebés, al nacer estarán presentes las habilidades que se describen a continuación. Sin embargo, algunos bebés pueden requerir cierto tiempo para desarrollarlas.

- Cuando pones tu dedo en mi mano, lo aprieto.
- Cuando me das un golpecito en la mejilla, giro la cabeza hacia ti.
- Puedo ponerme el puño en la boca.
- Mis rodillas, tobillos y codos están flexionados muy próximos a mi cuerpo (para mantener los brazos y piernas del bebé próximos al cuerpo puede utilizar toallas o una manta arrolladas).
- Puedo mirar o sostener la mirada durante como mínimo cinco segundos (algunos bebés, al principio, solamente son capaces de fijar la vista unos pocos segundos).
- Puedo permanecer despierto durante al menos una toma de alimentación de diez minutos (algunos bebés se alimentan más lentamente y se cansan con facilidad).

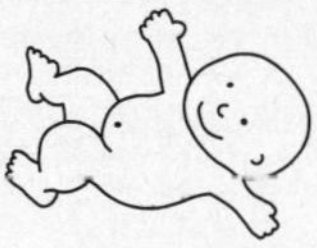

EJERCICIOS

Acunar al bebé

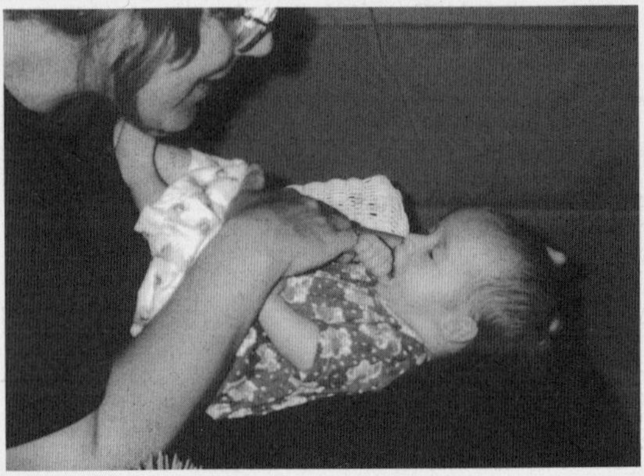

HABILIDADES QUE DESARROLLA

- Mantener la cabeza en la línea media.
- Utilizar ambos ojos para enfocar la cara del padre o madre, lo que facilita establecer vínculos afectivos.
- Superación del reflejo de sobresalto o de Moro.
- Desarrollo de una estabilidad en los hombros aprendiendo a mantener ambos brazos juntos y hacia delante.

EJERCICIO

- Póngase al bebé en su regazo, de cara a usted, con sus caderas y rodillas flexionadas.
- Meza la cabeza, hombros y brazos de su bebé, proveyéndole soporte para asegurarse de que su cabeza está en la línea media (es decir, centrada) y de que su barbilla toca su pecho.
- Los brazos de su bebé deben encontrarse hacia delante y frente a sus hombros.
- Mantenga elevadas las nalgas del bebé con los pies tocando a su pecho.
- Desplace con cuidado sus piernas de un lado a otro, alrededor de unos tres centímetros cada vez, prestando especial

atención a la tolerancia del niño al movimiento. Si su bebé se pone rígido, se sobresalta o se inquieta, haga el movimiento más lentamente o interrúmpalo.

NOTA 1: este ejercicio puede ayudar a su bebé en el aprendizaje de mantener la cabeza hacia delante y su barbilla doblada, lo que contribuye a desarrollar unos buenos reflejos de succión y deglución y a prevenir el atragantamiento.

NOTA 2: es importante que mantenga sus piernas juntas al mismo tiempo que sus rodillas se tocan, de modo que la cabeza del bebé no caiga hacia atrás.

Cara a cara

HABILIDADES QUE DESARROLLA

- Sostener la cabeza en la línea media.
- Mejorar la estabilidad de los hombros.
- Inhibir el reflejo del sobresalto.
- Coordinación óculo-manual.

EJERCICIO

- Sentada en el suelo, apoyada en la pared o en una silla, con sus rodillas y caderas flexionadas.
- Póngase al bebé en su regazo, sentado de cara a usted, manteniendo su cabeza en la línea media y con las caderas flexionadas. Sus rodillas deben tocarse.

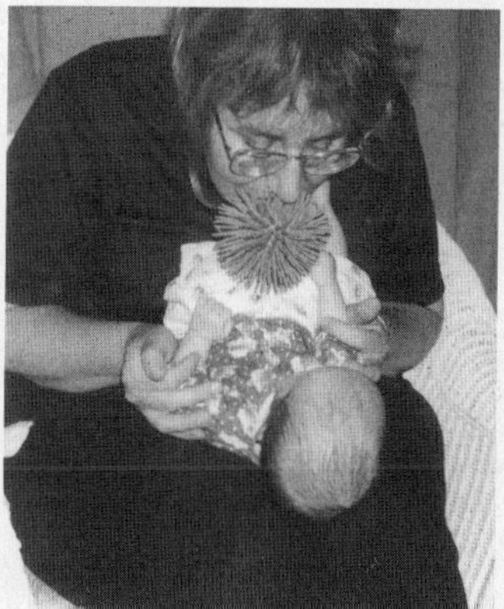

- Ponga sus manos en los codos y hombros del bebé para que esté bien sujeto y sienta toda la estabilidad que precise.
- Anime al bebé a mirarla, déle un beso en la mano. En ocasiones, para hacer este ejercicio, puede ser más divertido si se

introduce un juguete blando en la boca (como el que se muestra en la fotografía) para entretener al bebé.

Me estiro hacia delante y toco a papá/mamá

- Siéntese en el suelo en la misma posición que en el ejercicio cara a cara: con la espalda apoyada en la pared y las rodillas flexionadas, proporcionando el soporte necesario al bebé con los hombros.
- Ayude a su bebé a estirarse hacia delante moviendo su brazo para que toque su cara o su boca.
- Anime a su bebé a desplazar su mano hacia atrás para tocar de nuevo su cara.

NOTA: sujete cada vez menos los brazos de su bebé, a medida que su hijo sea capaz de sostenerse y de desarrollar una mayor estabilidad de hombros y brazos.

Coge mi mano

HABILIDADES QUE DESARROLLA

- Habilidades motoras finas de las manos.
- Obtener una sensación placentera con el contacto.
- Abrir las manos (lo que disminuye la influencia del reflejo de prensión y prepara a su bebé para coger y soltar juguetes más tarde).
- Destreza con las manos, como preparación para gatear.

EJERCICIO 1

- Sostenga al bebé en su regazo, asegurándose de que tiene la cabeza y la espalda bien apoyadas y la cabeza en la línea media (centrada).

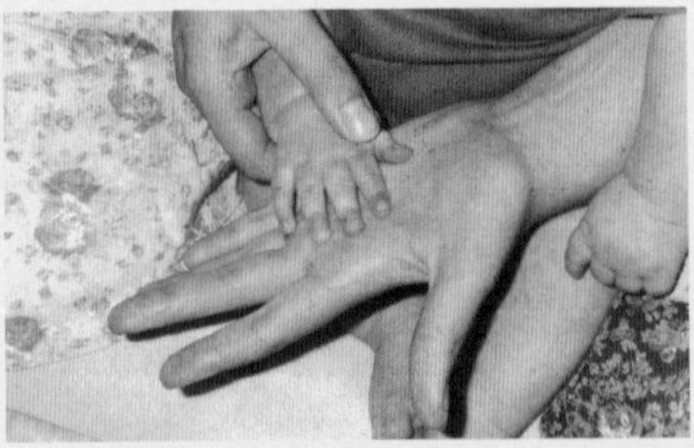

- Abra con cuidado la mano de su bebé y ponga la palma boca abajo sobre la palma de su mano izquierda.
- Con su mano derecha, apriete suavemente la parte superior de la mano del bebé. Al mismo tiempo, presione suvamente hacia arriba con la palma de la mano izquierda.
- Alterne ambas manos.

EJERCICIO 2

- Practique el mismo ejercicio con el pulgar del bebé levantado, de modo que experimente un «apretón de manos» con las manos abiertas.

CONSEJO: si a su bebé no parece gustarle que le coja la mano completamente abierta, sólo frote su mano abierta parcialmente.

Acunar al bebé

HABILIDADES QUE DESARROLLA

- Relajación.
- Tolerar el movimiento sin sobresaltarse.

MATERIAL

- Una manta que no sea elástica de alrededor de cien centímetros por noventa centímetros, o más ancha.

EJERCICIO

- Ponga la manta en el suelo, y pliegue los lados de la manta hacia el centro.
- Ponga al bebé bien cómodo en el centro de la manta.
- Junte firmemente el tejido en los extremos superior e inferior de la manta, a la cabeza y a los pies de su bebé.
- Levante al bebé, man-

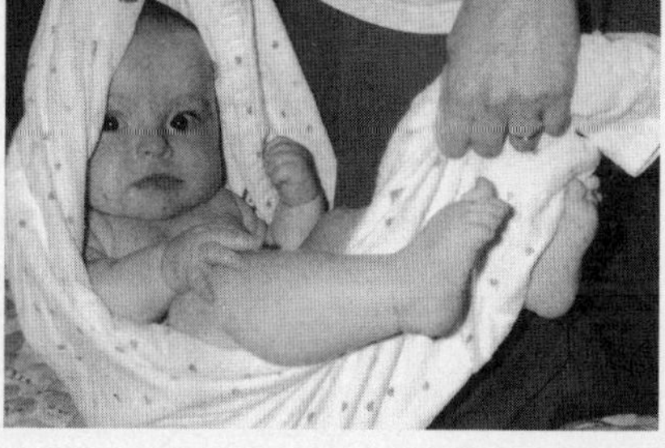

teniendo su cabeza hacia delante y sus antebrazos y piernas dentro de la manta.

- Meza suavemente al bebé hacia delante y hacia atrás, o bien de un lado a otro.

NOTA: una vez que su bebé se haya dormido, puede utilizar la manta como ayuda para ponerlo en la cuna sin despertarlo. Esta posición minimiza los sobresaltos y le proporciona una estabilidad similar a la que experimentaba en el claustro materno.

Ayuda para expulsar los gases o defecar

HABILIDADES QUE DESARROLLA

- Relajar los espasmos o la rigidez de los músculos abdominales para eliminar los gases o como ayuda para defecar.
- Elevación de las piernas y caderas con el objetivo de proporcionar estabilidad para que los músculos abdominales se tonifiquen.

EJERCICIO 1

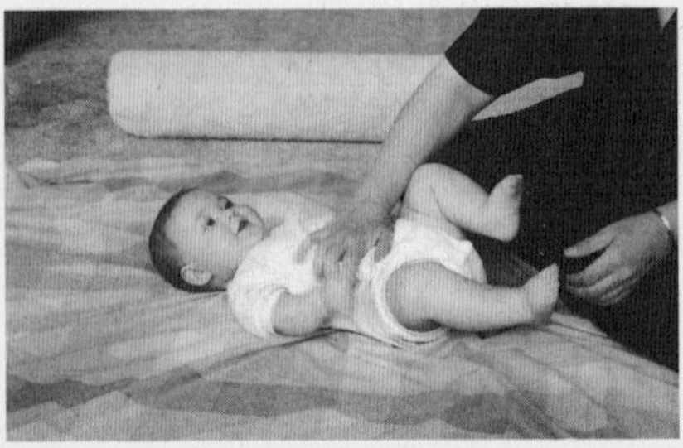

- Ponga a su bebé acostado boca arriba, en el suelo o en su regazo.
- Utilizando la parte plana de la palma de su mano (no los dedos) masajee con suavidad los músculos del abdomen del bebé de un lado a otro. (No lo haga si la barriguita de su hijo se pone rígida o si éste llora).
- Aplique masajes suaves durante tres minutos.

EJERCICIO 2

- Utilizando la misma posición que en el ejercicio 1, flexione las piernas del bebé por las caderas y extienda sus piernas entre seis y nueve centímetros.

- Apriete suavemente las piernas del bebé contra su abdomen. Sujétele muy bien las rodillas o los pies.

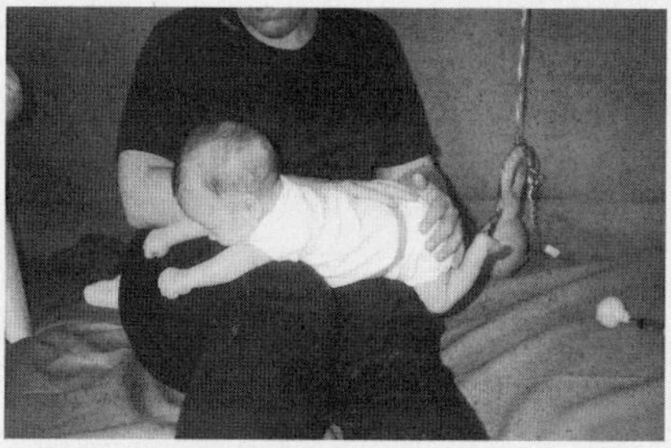

- Haga rodar al bebé de un lado a otro si parece complacido con el movimiento.
- Continúe este ejercicio durante tres a cinco minutos.

EJERCICIO 3

- Ponga a su bebé acostado boca abajo, cruzado en su regazo.
- Dé unos golpecitos suaves en la espalda del bebé desde el cuello hasta las nalgas, dándole palmadas de manera intermitente. Esta postura contribuye a reforzar el abdomen del bebé y es muy útil para que los gases acumulados en el intestino suban a la superficie y pueda expulsarlos.

CONSEJO: Los golpecitos suaves de arriba abajo contribuyen a desplazar las contracciones musculares de arriba abajo.

Ejercicios durante el cambio de pañales

El cambio del pañal representa una excelente oportunidad para que su bebé experimente con los movimientos y desarrolle la sensación de equilibrio. Este ejercicio permite a su bebé experimentar la sensación de tener una pierna flexionada al mismo tiempo que la otra está estirada, postura que lo prepara para la marcha.

HABILIDADES QUE DESARROLLA

- Mantener la cabeza en la línea media, hacia delante, y la barbilla flexionada.
- Mantener los brazos hacia delante y adaptarse a los cambios

de peso, lo que reducirá el reflejo del sobresalto del bebé y mejorará las habilidades precoces de equilibrio.

- Aumento de la fuerza muscular.

MATERIAL

- Una manta o una almohada pequeña (de unos seis centímetros de grosor) que le sujete la cabeza.

EJERCICIO

- Ponga la manta doblada en la tabla donde cambia al bebé.
- Ponga a su bebé boca arriba, con la cabeza y los hombros hacia delante.
- Asegúrese de que la cabeza de su bebé está bien centrada.
- Mientras le cambia el pañal, levante cada pierna por separado, más que levantar ambas piernas al mismo tiempo. Asegúrese de que sus movimientos son lentos y suaves. Después de levantar y flexionar una pierna, deje caer la pierna lentamente, y después levante y flexione la otra pierna.

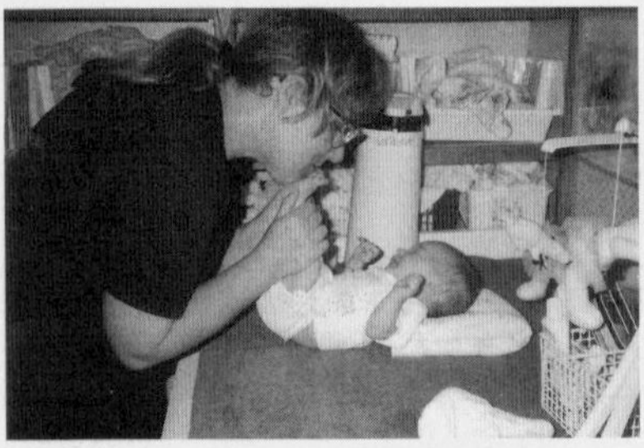

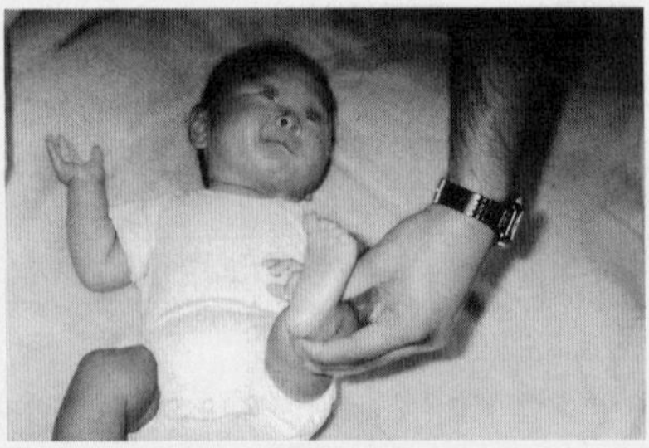

Inclinación con la barriga

HABILIDADES QUE DESARROLLA

- Mientras el bebé está boca abajo y explora, elevación de la cabeza.
- Aumentar la fuerza y la extensión del cuello y la espalda, y el alineamiento del cuerpo.
- Mover la cabeza desde un lado hasta la línea media y mantenerla bien centrada.

- Mantener los brazos y la cabeza hacia delante, lo que reduce el reflejo de sobresalto.

MATERIAL

- Un juguete musical blando o un tejido estampado en colores vivos.

EJERCICIO 1

- Ponga al bebé boca abajo en su regazo. Sitúe el juguete o el tejido en un lugar donde el niño pueda verlo y alcanzarlo.

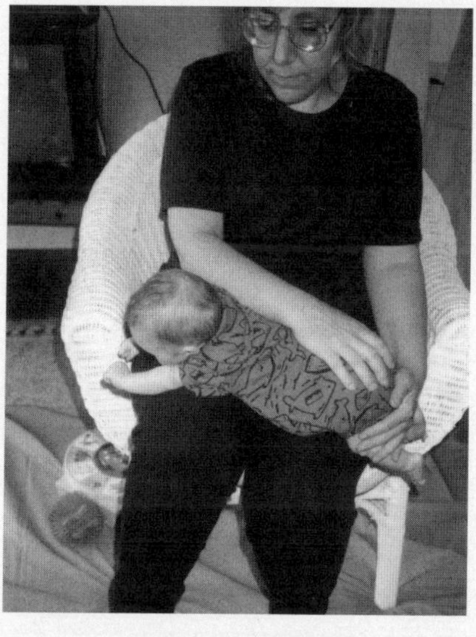

- Levante la pierna bajo la cabeza de su bebé unos ocho centímetros, de modo que el niño se encuentre en una ligera inclinación.
- Asegúrese de que los brazos y los codos de su bebé están delante de sus hombros.
- Proporciónele estabilidad sujetando suavemente la espalda y nalgas del bebé, con la finalidad de animarle a levantar la cabeza al mismo tiempo que la mantiene en la línea media.

CONSEJO: cuando levante la pierna, estire la que se encuentra más cerca de la cabeza de su bebé de modo que permanezca ladeado, con la cabeza más alta que las caderas. Puede practicar esta postura cuando vista a su hijo.

EJERCICIO 2

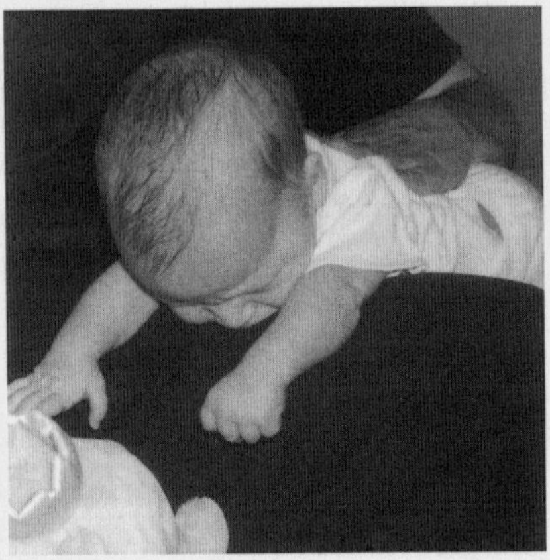

- Reduzca la inclinación a medida que su bebé aprenda a levantar la cabeza por sí solo.
- Dé golpecitos en la espalda de su bebé de arriba abajo, con la finalidad de animar a su hijo a levantar la cabeza en la línea media con sus brazos hacia delante.

En la siguiente tabla puede observar los progresos de su bebé por lo que respecta al desarrollo motor. Si su bebé es un prematuro o presenta un retraso del desarrollo, algunas o todas estas habilidades aparecerán más tarde de lo que se recoge en la tabla.

HABILIDADES MOTORAS PRECOCES

Semana	*2*	*4*	*6*	*8*	*10*	*12*	*14*	*16*	*18*	*20*
Mantiene la cabeza en la línea media cuando está sentado en una silla para bebé provista de un soporte para la cabeza o de un apoyacabezas	👣	👣	👣	👣	👣	👣	👣	👣	👣	👣
Mueve ambas piernas por separado	👣	👣	👣	👣	👣	👣	👣	👣	👣	👣
Boca abajo, mueve la cabeza desde la línea media hasta un lado		👣	👣	👣	👣	👣	👣	👣	👣	👣
Enfoca un objeto con ambos ojos		👣	👣	👣	👣	👣	👣	👣	👣	👣
Junta las manos		👣	👣	👣	👣	👣	👣	👣	👣	👣
Abre el puño y mueve los dedos		👣	👣	👣	👣	👣	👣	👣	👣	👣
Mueve la cabeza de un lado hasta la línea media			👣	👣	👣	👣	👣	👣	👣	👣

IMPORTANTE: cada bebé se desarrolla de manera diferente. Estas habilidades pueden aparecer incluso en el último período citado en la tabla, y seguirán encontrándose dentro de los límites normales.

Aprender a comer

Para un bebé alimentarse no es tan fácil como parece. Numerosos padres se preocupan cuando sus bebés no saben de inmediato cómo mamar o tomar un biberón, aunque éste sea un problema muy habitual. Recuerdo todavía la sorpresa que me causó comprobar que mi bebé y yo tendríamos que esforzarnos mucho para conseguir esta habilidad. Mi hijo necesitó varios días para acostumbrarse a mamar; es posible que en su caso la experiencia sea similar.

Dado que su bebé estaba acostumbrado a ser alimentado a través del cordón umbilical, no está en absoluto habituado a un contacto tan íntimo con otro cuerpo ni a mantener un contacto con su boca. Al principio, puede encontrar sorprendente este contacto e incluso puede sobresaltarle. Además, su bebé puede necesitar cierto tiempo para desarrollar las habilidades necesarias para mamar o tomar un biberón y quedar saciado en cada toma.

El acto de comer es una combinación de coordinación, fuerza y resistencia. Para alimentarse, su bebé debe ser capaz de coordinar la succión y la deglución. También tiene que aprender a cerrar la boca, y a utilizar sus labios y mejillas para formar una especie de cierre hermético. Además, tiene que aprender a alimentarse doblando la barbilla y adelantando la cabeza a su cuerpo.

Las actividades descritas en este apartado abordarán todas estas importantes habilidades. Si su bebé experimenta algunas frustraciones con las tomas de alimentación, la práctica diaria de estas actividades puede ser de gran ayuda para que las horas de las «comidas» se simplifiquen y sean más satisfactorias.

Algunos aspectos que debe recordar cuando dé el pecho a su bebé

- Proporcione soporte a la cabeza de su hijo, asegurándose de que la mantiene hacia delante y centrada durante la toma de alimento, con la finalidad de prevenir el atragantamiento.
- Si su bebé manifiesta problemas para succionar, considere la eficacia de diversas posturas para alimentarlo en su regazo o en una silla para bebé.
- Si su bebé se sobresalta con facilidad, puede ser muy útil que lo tome en brazos antes de alimentarlo. La ternura y el contacto le harán recordar su estancia en el claustro materno, y le proporcionarán estabilidad.
- Los recién nacidos sólo toman unos pocos gramos en cada toma de alimentación y se cansan con facilidad. Con el tiempo, su bebé será capaz de tomar mayores cantidades de leche a medida que su abdomen se desarrolle y pueda permanecer despierto durante períodos más prolongados. Para los bebés que se cansan con facilidad, es aconsejable ofrecerles un biberón como mínimo cada dos horas.
- Pruebe con diversas tetinas y biberones. Algunas tetinas están destinadas a los bebés prematuros y solamente requieren una succión mínima. Muchos bebés se alimentan mejor con biberones cuyas tetinas recuerdan al pezón materno.
- Evite exprimir la leche en la boca de su hijo. Si está preocupada porque cree que su bebé no toma la cantidad suficiente de leche, utilice un cuentagotas al término de cada toma de alimentación para exprimir pequeñas cantidades de leche cada vez.
- Si su bebé es propenso a vomitar o a las regurgitaciones, asegúrese de que lo mantiene en una postura erguida durante como mínimo algunos minutos después de alimentarlo.

El bebé alimentado al pecho

La lactancia materna puede constituir todo un reto, y a menudo madres y bebés necesitan algunos días para «cogerle el tranquillo». Es necesario que sea paciente consigo misma y con su hijo. Explore las diferentes posturas que permitirán que tanto usted como su hijo estén cómodos durante el proceso.

Un bebé que sea muy sensible puede mostrar desagrado e incluso rechazo al contacto piel con piel mientras mama. Es preciso que intente reducir esta sensibilidad con ejercicios que enseñen a su bebé a disfrutar del contacto alrededor de su cara y de su boca. Los ejercicios que enseñan a su bebé a formar un cierre hermético utilizando los labios y las mejillas también contribuirán a que mame satisfactoriamente. La mayoría de los bebés, incluyendo los que han sido prematuros o han experimentado problemas de salud al nacer, pueden aprender a mamar con una ayuda mínima.

Si está dando el pecho a su bebé y tiene problemas, dispone de una serie de recursos que incluyen los consejos de expertos en lactancia (habitualmente disponibles a través del departamento de obstetricia de su hospital), su pediatra o su comadrona.

El bebé alimentado con biberón

Si su bebé toma el biberón, asegúrese de su postura mientras lo toma, ya que es muy importante que mantenga la cabeza hacia delante para prevenir los atragantamientos. Puede sostener al bebé en sus brazos mientras toma el biberón o puede sentarlo en una silla para bebés con la cabeza bien apoyada. Si su bebé es quisquilloso a la hora de comer, intente con paciencia que coma durante períodos más prolongados dándole golpecitos en la mejilla, o desvístalo y sosténgalo en sus brazos estableciendo un contacto directo. También es probable que disfrute más con las horas de las comidas si lo acuna suavemente mientras toma el biberón.

Algunos bebés se cansan fácilmente durante las tomas de alimentación. Estos bebés pueden no tomar la cantidad suficiente de leche, ya que no son capaces de lograr un patrón sostenido de succión y deglución. En ocasiones tienen dificultades para mantener cerrados los labios y se les escapa la leche por la boca. Los ejercicios en este apartado enseñarán a su bebé a controlar los músculos de la mandíbula y de los labios, lo que es necesario para un buen patrón de succión y deglución.

En la página siguiente aparece una tabla que puede utilizar para seguir los progresos de su hijo en las habilidades alimentarias. Si su bebé es prematuro o sufre un retraso en el desarrollo, algunas de estas habilidades, o todas ellas, tal vez aparezcan más tarde de lo que recoge la tabla.

HABILIDADES ALIMENTARIAS DEL BEBÉ

Semana	***1***	***2***	***3***	***4***	***5***	***6***	***7***	***8***
Coordinación de la respiración, succión y deglución	🍼	🍼	🍼	🍼	🍼	🍼	🍼	🍼
Succiona durante cinco minutos	🍼	🍼	🍼	🍼	🍼	🍼	🍼	🍼
Traga con los labios cerrados	🍼	🍼	🍼	🍼	🍼	🍼	🍼	🍼
Se chupa las manos		🍼	🍼	🍼	🍼	🍼	🍼	🍼
Se alimenta durante diez a quince minutos		🍼	🍼	🍼	🍼	🍼	🍼	🍼
Cierra la boca con la lengua detrás de los labios			🍼	🍼	🍼	🍼	🍼	🍼
Se lleva las manos a la boca			🍼	🍼	🍼	🍼	🍼	🍼
Si no está resfriado, respira por la nariz			🍼	🍼	🍼	🍼	🍼	🍼
Se relame los labios			🍼	🍼	🍼	🍼	🍼	🍼

IMPORTANTE: cada bebé se desarrolla de manera diferente. Estas habilidades pueden aparecer incluso en el último período citado en la tabla, y seguirán encontrándose dentro de los límites normales.

Aprendizaje y juegos

Puede gastarse una fortuna en juguetes para su bebé, pero no tiene ninguna necesidad de hacerlo. Durante los primeros meses de vida, su bebé sólo necesita unos pocos juguetes para aprender a mirar, a escuchar, a explorar, a tocar y a entretenerse y consolarse sin ayuda.

A esta edad son ideales los columpios, porque colocan al niño en una posición adecuada y le proporcionan soporte de modo que puede ver el mundo a su alrededor. Durante los dos primeros meses conviene que utilice un soporte para la cabeza hasta que el bebé pueda sostenerla sin ayuda. Le recomiendo un columpio que funcione con pilas antes que uno al que tenga que darle cuerda, ya que de este modo tendrá más tiempo libre, lo que constituye una ventaja inestimable. Además, es aconsejable que adquiera juguetes que estimulen a su hijo a mirar y seguir el movimiento. Por ejemplo, los juguetes con colores contrastados, como el rojo y el blanco y el negro, ayudarán a su bebé a saber enfocar con los ojos. (Los recién nacidos no pueden distinguir bien los colores, pero *pueden* distinguir entre la luz y la oscuridad.)

Su bebé preferirá juguetes con características faciales evidentes. Asimismo, su bebé primero conocerá su propio cuerpo siendo consciente de sus pies y sus manos, de modo que puede ponerle cascabeles sujetados a las muñecas o tobillos que le suministran estímulos visuales o auditivos. Su bebé puede jugar en su sillita o en su columpio, lo que fomenta la independencia de una manera agradable. Puesto que en este estadio no puede coger los juguetes a menos que los ponga en su mano, se mostrará más favorable a los juguetes que pueden sujetarse a la sillita o columpio o a sus muñecas o tobillos.

En este momento puede empezar a leer cuentos a su bebé. Naturalmente, todavía no puede seguir un cuento, pero puede aprender a asociar los libros con el esparcimiento y la diversión, y el tiempo de tranquilidad que usted pasará junto a su hijo en la mecedora mirando libros con ilustraciones le ayudará a relajarse después de un día agitado, en constante cambio. Además, la lectura ayudará a su bebé a saber prestar atención, le ayudará a desarrollar las habilidades visuales, como enfocar y seguir la trayectoria de un objeto con los ojos, y lo estimulará a sostener la cabeza para poder ver los dibujos. Los libros con ilustraciones o fotografías de caras ayudarán a su hijo a desarrollar el «concepto de cuerpo», a medida que empieza a reconocer los ojos, narices y bocas en las fotografías que ve. Como he mencionado previamente, los recién nacidos no pueden distinguir bien los colores, de modo que es conveniente que elija libros con fotografías en blanco y negro. Seleccione libros con dibujos de caras u objetos más que ilustraciones o tiras cómicas «muy recargadas» que confundirán al bebé.

Los mejores libros para esta edad

- Libros con ilustraciones en blanco y negro.
- Libros o postales de tela o plástico de caras y formas.
- Libros con dibujos simples con un objeto por página.
- Libros con ilustraciones de personas.

JUGUETES/MATERIAL

Postales de caras, en blanco y negro

Habilidades

1. Fomentar la conciencia y el enfoque visual.
2. Ayudar al bebé a detectar el contraste entre luz y oscuridad.
3. Enseñar al bebé a controlar la cabeza en la línea media.
4. Enseñar al bebé a mover la cabeza desde un lado hasta la línea media.
5. Estimular el reflejo tónico asimétrico integrado del cuello: cuando el bebé gira la cabeza hacia un lado con la finalidad de ver los dibujos, flexionará el codo contrario y extenderá el brazo del mismo lado, lo que le ayudará a iniciar el alcance. Este reflejo normalmente está presente en los bebés de uno a cuatro meses.

Anillas para colgar juguetes

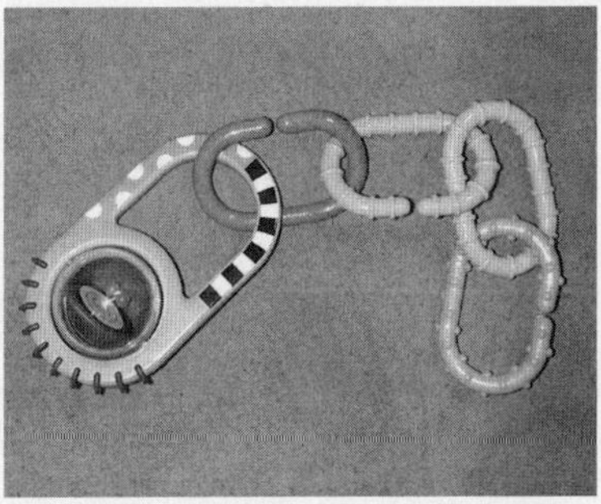

Habilidades

1. Ayudan al niño a mirar y tocar los juguetes; proporcionan estimulación visual y táctil.
2. Si se cuelgan juguetes en medio de las anillas ayudan al bebé a saber mover las manos y los ojos hacia la línea media.
3. Estimulan el reflejo tónico asimétrico integrado del cuello (véase previamente).
4. Permiten que el niño conozca los objetos por medio del tacto.

Libros de tela en blanco y negro

Habilidades

1. Ayudan a que el niño levante la cabeza y mire.
2. Estimulan al niño a girar la cabeza desde un lado a la línea media.
3. Proporcionan práctica en el enfoque visual y de seguimiento con los ojos.
4. Ayudan al niño a explorar los sentidos del tacto y la visión.
5. Proporcionan una exposición precoz al lenguaje.

Columpios o hamacas para bebé

Habilidades

1. Ayudan al niño a aprender a enfocar.
2. Proporcionan movimiento en el espacio.
3. Le enseñan autonomía y seguridad en sí mismo para jugar e interaccionar sin necesidad de que se le coja en brazos.
4. Desarrollan la coordinación óculo-manual cuando el bebé se entretiene con juguetes.

NOTA: utilice un soporte para la cabeza hasta que el bebé logre un control de la cabeza necesario para sostener su cuerpo de manera simétrica.

Ejercicios con un globo

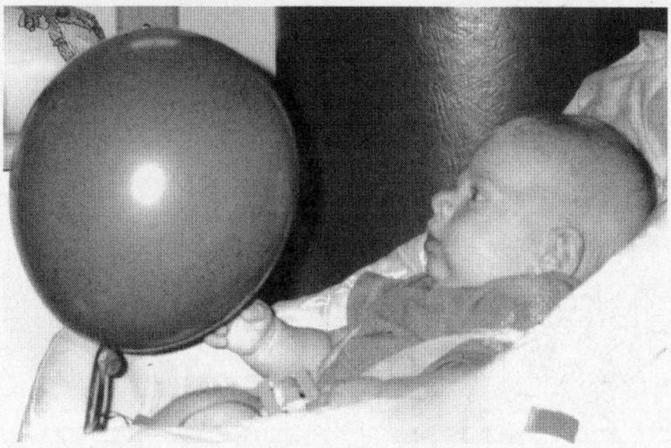

HABILIDADES QUE DESARROLLA

- Mirar a la línea media.
- Habilidades de enfoque visual y de rastreo ocular.
- Integración del reflejo del sobresalto o de Moro.
- Mejora de la coordinación óculo-manual.

EJERCICIO

- Ponga a su hijo en una silla para bebé.
- Ate un globo de helio en la base de las correas de la sillita y asegúrese de que el globo se encuentra a la altura de los hombros del bebé y lo suficientemente cerca para que al estirarse hacia delante (dos a cinco centímetros) pueda tocar el globo.

NOTA: supervise constantemente al bebé mientras juega con el globo, de modo que si éste estalla, el niño no se lo ponga en la boca con el consiguiente riesgo de que pueda tragárselo. Es aconsejable que utilice globos resistentes a los estallidos.

A continuación se muestra una tabla que puede utilizar para evaluar el progreso de las habilidades de aprendizaje de su bebé. Si su bebé es prematuro o sufre un retraso del desarrollo, algunas o todas estas habilidades aparecerán más tarde de lo que se recoge en la tabla.

Habilidades de aprendizaje del bebé

Semana	*1*	*2*	*3*	*4*	*5*	*6*	*7*	*8*	*9*	*10*
Se sienta en una sillita con movimiento con la cabeza bien apoyada	👣	👣	👣	👣	👣	👣	👣	👣	👣	👣
Se acurruca, y disfruta cuando se le coge en brazos	👣	👣	👣	👣	👣	👣	👣	👣	👣	👣
Se mira las manos y mira los colores muy contrastados			👣	👣	👣	👣	👣	👣	👣	👣
Se explora y se toca a sí mismo (la cara y las manos)			👣	👣	👣	👣	👣	👣	👣	👣
Da golpecitos o palmaditas a una manta				👣	👣	👣	👣	👣	👣	👣
Trata de alcanzar un juguete						👣	👣	👣	👣	👣
Mira en la dirección de un sonido						👣	👣	👣	👣	👣
Mueve las manos con un sonajero en la muñeca						👣	👣	👣	👣	👣
Anticipa la toma de alimentación al pecho o con biberón mirando o girando la cabeza en su dirección						👣	👣	👣	👣	👣
Se tranquiliza cuando se mece suavemente en la hamaca o la sillita para bebé. Se muestra contento con el movimiento de la hamaca						👣	👣	👣	👣	👣

IMPORTANTE: cada bebé se desarrolla de manera diferente. Estas habilidades pueden aparecer incluso en el último período citado en la tabla, y seguirán encontrándose dentro de los límites normales.

Logros del bebé

Cuando su bebé llegue a dominar los ejercicios descritos en este capítulo, será capaz de manifestar las nuevas habilidades siguientes:

- Me vuelvo para mirar una cara, o respondo a los cambios de la luz o el sonido.
- Puedo ponerme la mano en la boca.
- En una sillita para automóvil o en una silla para bebé, soy capaz de mantener la cabeza centrada con un soporte para la cabeza o un apoyacabezas.
- Cuando estoy inquieto, puedo tranquilizarme cuando me cogen en brazos o me acunan.
- Cuando estoy boca abajo, puedo levantar y girar la cabeza hacia un lado.
- En ocasiones puedo levantar una pierna y estirar la otra.

«¿Puede decirme por qué...?»

Respuestas a las preguntas que con frecuencia plantean los padres

La cabeza de mi bebé siempre está girada hacia un mismo lado. ¿Por qué?

La cabeza de todos los bebés en ocasiones cae hacia un lado o hacia otro. No obstante, la cabeza de algunos bebés *siempre* está ladeada a la izquierda o a la derecha. Éste es un fenómeno muy frecuente al que los médicos se refieren como *tortícolis*, una contractura del músculo esternocleidomastoideo, cuya causa es un desequilibrio o acortamiento muscular. En ocasiones el tortícolis aparece debido a una posición anómala del bebé en el útero antes del nacimiento. A menudo el problema se resuelve por sí solo cuando el bebé cumple seis meses; a los tres meses ya debe observar una mejora importante. Si el tortícolis de su bebé no mejora, consulte a su médico y solicítele una consulta con un fisioterapeuta pediátrico. Sin una intervención médica, su bebé corre el riesgo de padecer escoliosis más adelante.

Para ayudarle a superar una tortícolis, pruebe con las técnicas descritas a continuación:

- Coloque al bebé en dirección contraria a la producida por el músculo contraído.
- Utilizando una toalla arrollada para sostener bien la cabeza, mantenga la cabeza y el cuello de su bebé bien alineados. El bebé experimentará la sensación de simetría y hará prácticas para mantener la cabeza centrada.
- Anime a su bebé a girar y levantar la cabeza hacia el lado menos dominante acercándose desde este lado.
- Cambie de posición la cuna de modo que su bebé utilice el lado más débil de su cuerpo para darse la vuelta.
- Ponga a su bebé de lado para jugar durante cierto período de tiempo cada día.

A mi bebé no parece gustarle su sillita para el automóvil o el cochecito. ¿Qué puedo hacer?

Revise las dimensiones y el ángulo de su sillita para el automóvil. Si su bebé es nervioso, pruebe con una silla destinada especialmente para bebés de hasta seis meses. Los bebés más pequeños se beneficiarán de una sillita para automóvil que proporcione una mayor estabilidad. Experimente con el ángulo de la silla para automóvil y asegúrese de que no se encuentra colocada demasiado hacia delante. Proporcione soporte a la cabeza del bebé, utilizando un soporte especial para la sillita o, si fuera necesario, una pequeña toalla arrollada.

Si su bebé se muestra intranquilo en el cochecito, asegúrese de que éste está bien acolchado. Utilice un chupete sujetado con un imperdible o un prendedor para consolar a su bebé y un parasol o una capota para proteger sus ojos. Si es posible, compre un coche que permita invertir la posición del bebé (de espaldas o de cara a usted), ya que muchos bebés disfrutan escuchando y viendo a la persona que empuja su cochecito cuando van de paseo.

Asimismo, conviene que de vez en cuando utilice la sillita para automóvil o el cochecito dentro de casa. Exponga gradualmente a su hijo a la sillita para automóvil, utilizándola al principio unos tres minutos cada vez. Póngale música o siéntele delante de una película de vídeo para bebé. Trate de sostener la sillita de automóvil en su regazo o póngala sobre el sofá cerca de usted. Acaricie a su hijo y elógielo mientras está sentado en la sillita.

Mi bebé llora todo el tiempo cuando no lo llevo en brazos y, como es natural, no puedo cogerlo en brazos a cada momento.

Muchos bebés, incluso los que sólo tienen unos días de vida, lo pasan muy bien en una sillita con movimiento. Los canguros o mochilas para bebé también ayudan a que el bebé se sienta bien, ¡al tiempo que deja libres las manos de sus padres! Casi todos los bebés disfrutan pasando mucho tiempo en un columpio o una hamaca especiales para esta edad, pero al principio es necesario que utilice un soporte para la cabeza.

Mi bebé llora cuando lo desnudo o lo baño.

Algunos bebés son muy sensibles a los cambios de temperatura. Aquí tiene algunas ideas para hacer que la hora del baño y el momento de vestirlos y desnudarlos sea menos traumático:

- Ponga una toallita o una manopla húmeda y caliente sobre la barbilla y la barriga del bebé de modo que no esté completamente desnudo mientras lo baña.
- Vista a su bebé con un conjunto de dos piezas, de modo que progresivamente se acostumbre a ser desnudado.
- Báñelo sólo de cintura para abajo, déjele la camiseta.
- Frunza las mangas de los jerséis y los pantalones, e introduz-

ca lentamente las extremidades del bebé por ellos en lugar de tirar de sus brazos y piernas por dentro de la ropa.

- Vista lentamente a su bebé acostado en su regazo, y mantenga sus brazos y cabeza hacia delante, para reducir el reflejo del sobresalto.
- Tome un baño con su bebé, su presencia lo tranquilizará.

Mi bebé sólo duerme dos horas seguidas, sea de noche o de día. Me siento agotada. Qué puedo hacer?

Algunos bebés necesitan un mayor período de tiempo para desarrollar un patrón de sueño profundo. Y esto resulta frustrante tanto para el bebé *como* para usted. Algunas personas son partidarias de dejar que el bebé llore hasta quince minutos antes de ir a consolarlo, mientras que otras consideran que es más apropiado acostar enseguida al bebé en la cama de sus padres. No existe una respuesta única para esta situación, de modo que utilice su propio criterio. Y sea paciente, porque menos de la mitad de los bebés duermen toda la noche de un tirón antes de cumplir el año.

Me siento cada vez más irritada por las exigencias de mi bebé, y no es lo que yo esperaba. ¡No tengo tiempo para hacer nada!

La mayoría de los padres se sorprenden, y casi se escandalizan, por la cantidad de tiempo que les roba su bebé. Es normal sentirse frustrado cuando uno está cansado, estresado y tiene problemas para llevar a cabo todas las actividades que antes solía realizar sin ningún esfuerzo. Si le sirve de consuelo, recuerde que a medida que su hijo crezca, usted irá recuperando cierta libertad.

Si es posible, haga algo especial para usted cada día: cómprese una revista, mímese con un baño de espuma, o alquile en vídeo aquella película antigua que siempre había deseado ver. El hecho de que haya tenido un hijo no significa ni mucho menos que sus *propias* necesidades no sean importantes. Si puede permitírselo, contrate a una persona para que la sustituya en algunas tareas; de lo contrario, solicite ayuda a algún miembro de la familia y recuerde al padre que el bebé *también* es su hijo. Anímelo a llevarse al bebé a dar un paseo (a pie o en su automóvil) cada noche, de modo que usted disponga de unos minutos de paz y tranquilidad.

Mi bebé succiona durante unos pocos minutos pero acto seguido se cansa y se queda dormido.

Los recién nacidos duermen mucho durante los primeros días de vida, pero después suelen mamar durante como mínimo diez a quince minutos cada vez. Consulte a su comadrona, pediatra o ginecólogo si las dificultades de alimentación persisten durante más de una semana. También es aconsejable que acaricie con suavidad la cabeza del bebé para mantenerlo despierto, o que lo desnude para que no sienta demasiado calor. También puede ser de ayuda acunarlo o ponerle música «con marcha».

¿Cuál es su opinión sobre el chupete o el biberón?

Numerosas mujeres que dan el pecho a su bebé se oponen firmemente a los biberones o los chupetes, pero no existe ninguna razón para que se sienta culpable si los utiliza. Yo di el pecho a mi hijo hasta que tuvo casi dos años, pero al mismo tiempo también le daba biberones y empecé a hacerlo cuando sólo tenía cuatro días de vida, ya que en ocasiones deseaba salir unas pocas horas y no quería que pasara hambre. Además, la alimentación con biberón brindó a mi esposo la oportunidad de participar en sus cuidados. Por lo que respecta a los chupetes, mi hija en ocasiones usaba uno para consolarse, habitualmente cuando yo no estaba a su lado. En otras palabras, haga lo que en su caso surta efecto. No creo que los chupetes o los biberones sean intrínsecamente buenos ni malos.

Si está usted dando el pecho a su hijo, introduzca los biberones cuando el niño tenga seis semanas, porque de lo contrario puede rechazarlos. Para que se acostumbre, déle un biberón unas tres veces por semana y, de este modo, será capaz de cambiar con facilidad el pecho por el biberón.

Mi bebé parece muy desasosegado y no puedo tranquilizarlo. Se sobresalta con los ruidos fuertes y llora más que la mayoría de los bebés. ¿Qué es lo que estoy haciendo mal?

Algunos bebés son más sensibles a los estímulos externos que otros. Esto es normal y no es necesario que se alarme. Trate de proporcionarle solamente un tipo de estímulo sensorial (visión, tacto, movimiento, sonido) cada vez, de modo que no se sienta abrumado.

Mi bebé no gana peso y deseo darle el pecho. ¿Qué hago?

Si su bebé no gana el peso suficiente, es posible que necesite un suplemento de leche artificial o fórmula para bebé, por lo que debe hablar con su pediatra. El pediatra puede aconsejarle que administre este suplemento mediante un biberón de plástico y un tubo fino que usted utilizará en cada tetada. El sistema de tubos conduce el suplemento de leche desde el biberón hasta el área del pezón materno. Cuando el bebé está cogido al pezón, la madre exprime el sistema de tubos localizado sobre el pezón, lo que permite que la alimentación suplementaria llegue lentamente hasta la boca del bebé a medida que éste aprende a succionar.

De este modo, puede realizar una transición satisfactoria hacia una lactancia materna independiente cuando su hijo haya aprendido a succionar. También es útil en los casos en que al principio la madre no produce la cantidad suficiente de leche. A medida que aumenta el suministro de leche materna, pueden abandonarse progresivamente los suplementos de leche artificial con este sistema de tubos.

Mi bebé llora y patalea cada vez que alguien le toca la boca. Esto también ocurre en el momento de alimentarlo y me preocupa que no coma lo suficiente. ¿Existe alguna forma de ayudarle a superarlo?

Diversas técnicas simples pueden ayudar al bebé cuya boca es especialmente sensible. Si su bebé es tan sensible que ni siquiera se chupa el dedo, pruebe con la siguiente técnica: mantenga la mano de su bebé abierta, con la palma boca abajo contra la suya, y aplique una presión suave. Este contacto ayudará a su bebé a acostumbrarse al tacto de forma menos sensible. Algunos bebés tienen un intenso reflejo perioral (un reflejo que hace que el bebé gire la cabeza cuando se le toca la mejilla) y esto puede asustarlo al principio. Cuando cambie el pañal a su bebé, toque con suavidad sus labios y sus mejillas. Progresivamente se acostumbrará a esta sensación y disfrutará utilizando sus labios, boca y lengua.

¿Qué puedo hacer si mi bebé no cierra nunca la boca?

A continuación se describe un simple ejercicio que ayudará a su bebé a saber cerrar la boca. Póngase al bebé en su regazo en una posición sedente, asegurándose de que su cabeza está centrada y con un soporte adecuado. Utilice su dedo índice para hacer descender el labio superior de su hijo de modo que junte ambos labios. Proporcione soporte a su mandíbula y labio inferior, lo que es necesario para que mantenga la boca cerrada. Apriete sus labios firmemente y anime a su hijo a imitarla, dándole tiempo para que responda y demostrándole cómo hacerlo dándole un golpecito en el labio superior si es necesario. No haga este ejercicio si su bebé está resfriado.

Mi bebé siempre tiene la lengua fuera y esto parece dificultar que coma bien. Siempre babea. ¿Tengo que preocuparme?

Algunos bebés necesitan tiempo para aprender cómo succionar y tragar, y mantener la lengua en la boca forma parte de este proceso. Si su bebé tiene dificultades con esta habilidad, trate de sostenerlo en su regazo con la espalda y la cabeza bien apoyadas. Mantenga su cabeza en la línea media y su barbilla flexionada de modo que no pueda formar un arco. Cuando la lengua del bebé esté delante de sus labios, presione firmemente en su centro con su dedo índice. Golpee con suavidad su labio superior para que su hijo tenga la sensación de juntar los labios. Provea soporte a su mandíbula inferior para darle sensación de estabilidad y permitir que respire y trague con la boca cerrada.

NOTA: no haga este ejercicio si su bebé está resfriado o está enfermo porque puede ser incapaz de respirar con la boca cerrada cuando padece una congestión nasal. Si su bebé tiene una enérgica tracción de la lengua, puede requerir varios meses antes de llegar a cerrar la boca por sí solo.

Me han regalado una silla con movimiento para bebé, pero mi hija llora cada vez que la siento en ella. Me gustaría encontrar algo apropiado donde sentarla, pero no sé cuál es la silla más segura. ¿Qué puedo hacer?

Pruebe con una hamaca para bebé. Asegúrese de que la cabeza de su hijo está bien apoyada con un soporte, o con una toalla o una manta arrollada, y empiece siempre con la posición más baja de la hamaca. Al principio, es posible que su bebé prefiera sentarse en la hamaca sin ningún movimiento. Cantar o hablar en voz muy baja a su bebé mientras se columpia lo animará a interaccionar con usted y mantendrá su cabeza en la línea media, al tiempo que está bien apoyado.

Muchos bebés a los que no les gustan las sillas con movimiento, las hamacas o los columpios parecen disfrutar de los paseos con sus cochecitos, incluso dentro de casa. Puede adquirir un cochecito que sea convertible en una silla para automóvil, como se ha mencionado previamente.

Las hamacas y las sillas con movimiento ayudan a su bebé a experimentar una sensación de soporte y simetría, pero también puede hacerlo mientras esté acostado. Tienda a su hijo de lado, utilizando una pequeña almohada para evitar los rodamientos. Puede proporcionarle ayuda adicional estabilizando su hombro y cadera para mantener sus brazos hacia delante y sus caderas flexionadas. Acto seguido, ponga un juguete atractivo delante del bebé, al alcance de su mano. Anime a su bebé para que mire o toque el juguete, lo que contribuirá a que experimente una simetría, la sensación de que ambos lados de su cuerpo trabajan al mismo tiempo, y además estimulará su sentido del tacto y de la visión.

Capítulo 2

Puedo levantar la cabeza

A partir de ahora, ¡les quedan tantas cosas por descubrir a usted y a su bebé! Lo que sin ninguna duda no habrá tardado nada en averiguar es que aquella casa suya tan limpia y ordenada es un hecho que pertenece al pasado. Si son ustedes como la mayoría de los padres, a buen seguro que su casa estará abarrotada de bolsas de pañales, juguetes, hamacas para bebé, chupetes y biberones por doquier. ¿Mi consejo? No se preocupe por esto. El desorden es aceptable porque las necesidades de su hijo tienen prioridad absoluta.

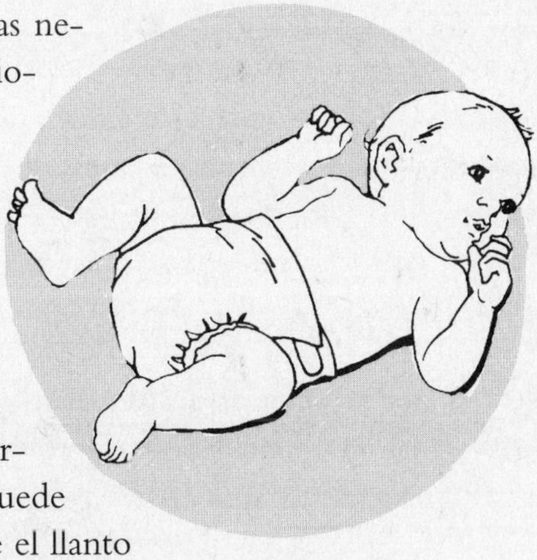

A estas alturas, seguro que ya se ve más capaz de hacer frente a las necesidades de su bebé, puesto que se habrá convertido en una verdadera experta en el lenguaje de su hijo. Puede interpretar los indicios sutiles y puede «entender» la diferencia entre el llanto de cuando «tengo hambre» y el llanto de cuando «estoy cansado». Su bebé también está aprendiendo su lenguaje: aun cuando no puede entender las palabras, está empezando a identificar los sonidos, los patrones y ritmos del lenguaje.

(Dicho sea de paso, ésta es la razón de que casi todos los padres hablen en el «lenguaje del bebé». Cuando usted exagera su forma de hablar, es más fácil que su bebé distinga los diferentes sonidos.)

En este momento su bebé presta mucha más atención y es más consciente de lo que ocurre a su alrededor, además de ser una parte mucho más importante de su familia. De hecho, es probable que esté descubriendo que su bebé está desarrollando su propia personalidad. ¿Tiene usted un hijo pacífico o alborotador? ¿Es exigente y quiere que sus deseos se satisfagan al momento o, por el contrario, es un niño plácido y dócil? Cada semana, conocerá muchos más detalles del porqué es como es, de aquello que le hace «exclusivo».

Mientras tanto, usted ya no está tan angustiada, se siente más a gusto y más segura de sí misma por lo que respecta a su papel y tareas de madre y, al mismo tiempo, su hijo está creciendo cada vez más unido a usted. En este estadio, su hijo ya la mira profundamente a los ojos y lo pasa muy bien mirándola. Esto en parte se debe a que puede ver mucho mejor, pero además, su bebé empieza a entender que usted es alguien muy importante en su vida. Reconoce que usted es una persona especial y puede mostrarse inquieto y ponerse nervioso cuando usted no está a su lado. Sin embargo, para su bebé es bueno darse cuenta de que usted va y viene, ya que esto refuerza su concepto de «permanencia de objeto», el conocimiento de que un objeto (o su madre) existe aun cuando no esté dentro de su campo de visión. También empieza a comprender el concepto del «yo» y los «demás».

A medida que su bebé se desarrolla desde un punto de vista emocional, también se desarrolla físicamente. En este estadio precoz, es importante que su bebé desarrolle unas habilidades visuales y sensitivomotoras. Su hijo practica estas habilidades cada día, cuando interacciona con usted y con el mundo a su alrededor. Cuando su bebé se acurruca junto a usted o se entretiene con sus juguetes, llega a tomar conciencia de su cuerpo (en especial de sus manos y pies), aprende a enfocar con los ojos y a coger los objetos, y gana seguridad en sí mismo y coordinación. Los ejercicios descritos en este capítulo están destinados a reforzar tales habilidades.

Una habilidad a la que prestaremos especial atención es el control de la cabeza, porque es decisivo para el futuro desarrollo de su bebé.

¡ESPABÍLATE, LEVANTA LA CABEZA!

Su bebé necesita aprender unas habilidades básicas antes de que pueda «graduarse» en otras mucho más avanzadas, y la primera habilidad importante que llegará a dominar es el control de la cabeza. Un buen control de la cabeza es un requisito para que pueda darse la vuelta, sentarse, gatear y andar.

Al principio, cuando su cuerpo esté inclinado hacia atrás, la cabeza de su bebé caerá hacia atrás y de manera instintiva su hijo tratará de corregirlo y practicará el control y estabilidad de la cabeza una media de trescientas a cuatrocientas veces al día. (¡Y a usted le parecía que la vida de un bebé era tan fácil!) Al principio, aprenderá a utilizar sus ojos para fijarlos en un objeto. Esta aptitud se denomina localización. Una vez que pueda enfocar un objeto, aprenderá a utilizar su «reflejo de enderezamiento óptico», que hace que su cabeza se alinee en la dirección en la que sus ojos están mirando.

Su bebé desarrollará lentamente y en incrementos casi imperceptibles el control de la cabeza. Primero, llegará a dominar el control de la cabeza cuando esté sentado con la cabeza apoyada, ya que en esta postura no tiene que preocuparse de la acción de la gravedad. Cuando esté sentado en su regazo o en una sillita para bebé, su hijo practicará los movimientos de la cabeza desde un lado hasta el centro. Aprenderá a mantener la cabeza alineada con el cuerpo y no dejará que caiga hacia atrás, hacia delante o hacia un lado. Mantener la cabeza en la línea media le ayudará a desarrollar los músculos del cuello y de la parte superior de la espalda de modo que podrá sostener la cabeza por sí solo. Pronto será capaz de flexionar su cuello para impedir que su cabeza caiga hacia atrás y de levantar la cabeza fácilmente si ésta le cae hacia delante.

Una advertencia preliminar: en este estadio algunos libros de ejercicios para bebés incluyen ejercicios en los que se debe tirar del niño mientras está sentado. NO LO HAGA. En este momento si tira de su hijo por los brazos en una postura de sentado puede provocar un agarrotamiento de sus hombros y como consecuencia una luxación de los hombros y una retracción del cuello. Habitualmente, no es conveniente tirar de un bebé que está en una postura sedente hasta que tenga como mínimo dos años.

Los juegos acostado boca abajo desempeñan un importante papel para que el bebé logre un control de la cabeza. Puesto que en la actualidad se acuesta a los niños boca arriba para dormir (como prevención del síndrome de la muerte súbita del bebé), es importante que su hijo juegue en el suelo boca abajo cuando está despierto. En esta postura aprenderá a levantar la cabeza contra la gravedad, fortaleciendo sus hombros, cuello, caderas y espalda. A medida que haga movimientos de extensión y se sienta más cómodo cuando esté boca abajo, aprenderá a equilibrar y a compensar su peso de un lado a otro, habilidades que necesitará más tarde para los rodamientos, para sentarse, gatear y andar. Jugar boca abajo también le ayudará a aprender a ser más ágil, porque le enseñará a hacer movimientos suaves, controlados e incrementales sin miedo a caerse.

Habilidades del bebé para empezar

Cada bebé es un caso individual y se desarrolla a su propio ritmo. Asegúrese de que su hijo ha adquirido las habilidades básicas descritas antes de empezar los ejercicios de este capítulo.

- Soy capaz de mirar y de utilizar mis ojos para fijarlos en mamá durante al menos diez segundos.

- Miro hacia luces u objetos de colores vivos, como grandes toallas o móviles de colores.
- Puedo girar la cabeza para mirar un objeto desde un lado hasta el centro.
- Lo paso bien con el movimiento o cuando me acunan lentamente, y no me sobresalto.
- Puedo sonreír.
- Cuando estoy sentado en una sillita para bebé, puedo seguir un objeto que se mueve desde un lado de mi cuerpo hasta el centro, y desde el centro de mi cuerpo hasta un lado, utilizando ambos ojos.
- Puedo tocarme la boca con la mano.
- Boca abajo, puedo levantar la cabeza como mínimo durante un segundo.
- Boca abajo, puedo mover la cabeza desde el lado izquierdo o derecho hasta el centro, y desde el centro hasta cualquiera de ambos lados.

Ejercicios

Ejercicios con una almohada mullida

HABILIDADES QUE DESARROLLA

- Levantar la cabeza mientras está boca abajo.
- Alcanzar objetos hacia delante.

- Aumentar la fuerza de los músculos de la espalda y del abdomen, como preparación para darse la vuelta y para sentarse.
- Aumentar la estabilidad y la fuerza de los hombros, como preparación para gatear.

MATERIAL

- Una almohada mullida o una toalla arrollada en forma de herradura de unos ocho centímetros de diámetro.
- Juguetes para mirar y tocar.

EJERCICIO

- Ponga la almohada o la toalla en forma de herradura en el suelo. Instale a su bebé boca abajo sobre la almohada o la toalla con los brazos hacia delante. (Sus codos deben encontrarse frente a sus hombros.)
- Proporcione soporte a la espalda y nalgas del bebé si es necesario, para ayudarle a mantener las nalgas bien apoyadas y estables. Asegúrese de que su bebé no puede darse la vuelta y salir de la almohada o toalla.
- Estimule a su bebé para que levante la cabeza al mismo tiempo que la mantiene en la línea media.
- Después de que su bebé sea capaz de levantar la cabeza y mantenerla en la línea media, anímelo a alcanzar un juguete.

Flexiones del pecho del bebé

HABILIDADES QUE DESARROLLA

- Levantar y mantener la cabeza en la línea media.
- Aumentar la fuerza del cuello y la parte superior de la columna vertebral.
- Apoyar el peso sobre los antebrazos, lo que contribuye a desarrollar la fuerza de la parte superior del cuerpo.

EJERCICIO 1

- Acuéstese en el suelo o en la cama en una postura semirreclinada, con una almohada bajo la cabeza. (Su cabeza y hombros no deben tocar el suelo, como si estuviera haciendo abdominales.)

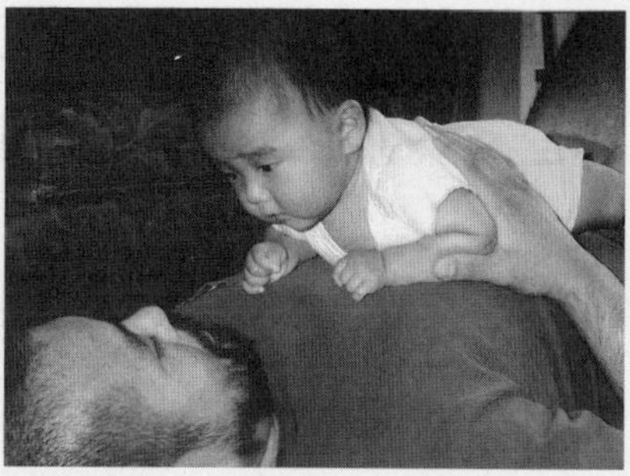

- Ponga a su bebé boca abajo, sobre su pecho.
- Proporciónele soporte para la espalda y los hombros de modo que **sus codos estén frente a sus hombros**.
- A medida que su bebé sea capaz de mantener una postura con la cabeza levantada, lentamente incorpórese de seis a diez centímetros y después vuelva a su postura inicial. Esto estimulará a su bebé a levantar la cabeza por sí solo.
- Repita el ejercicio según sea necesario hasta que su bebé pueda mantener la cabeza levantada mientras permanece boca abajo.

EJERCICIO 2

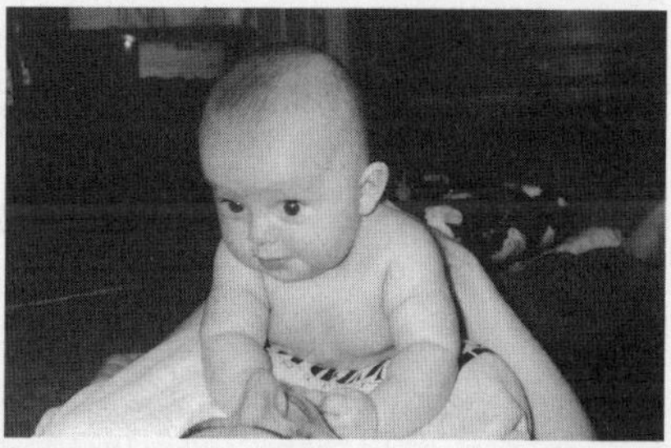

- Acuéstese en el suelo en una postura completamente reclinada con el bebé sobre su pecho. Asegúrese de que **los codos de su bebé están frente a sus hombros** para facilitar la carga en sus antebrazos.
- Estimule a su bebé para que sostenga la cabeza levantada por sí solo mientras juegan a esconder y a encontrar objetos. A medida que su bebé desarrolle una mayor estabilidad, mézalo suavemente de un lado a otro para que pueda explorar el equilibrio.

¡Mete la barriga!

HABILIDADES QUE DESARROLLA

- Doblar la barbilla cuando se inclina hacia atrás, como contrapeso para impedir las caídas hacia atrás.

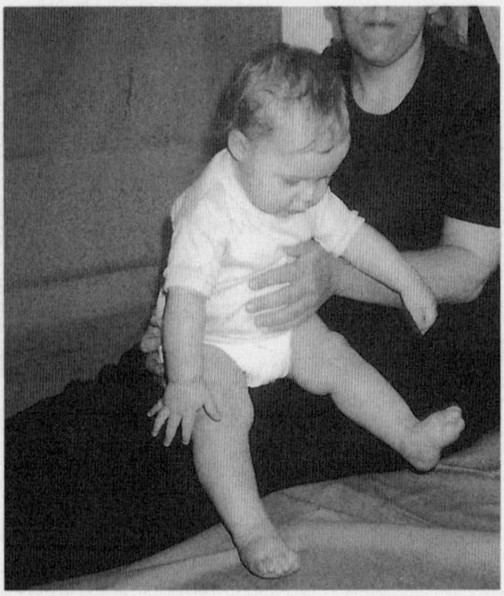

- Flexionar la parte superior del cuerpo para evitar una caída hacia atrás.
- Utilizar los músculos del abdomen para lograr mayor estabilidad y equilibrio.
- Extender los brazos hacia delante y las piernas flexionadas por las rodillas y caderas cuando se le inclina hacia atrás.

EJERCICIO

- Siéntese en el suelo con la espalda apoyada y póngase al bebé en el regazo, mirando de lado.
- Utilice una mano para dar soporte al abdomen del bebé y la otra para apoyar su espalda.
- Apoyando su bebé por el abdomen, inclínelo lentamente hacia atrás unos tres a seis centímetros. (Podrá percibir cómo se tensan y contraen sus músculos abdominales).

NOTA: asegúrese de que su bebé dobla la barbilla. Aumente gradualmente su inclinación hacia atrás, pero sólo cuando aprenda a mantener su cabeza y brazos hacia delante y en la línea media. El control de la cabeza se desarrolla en milímetros.

Abdominales para el bebé

HABILIDADES QUE DESARROLLA

- Mantener la cabeza en el centro cuando está girada hacia un lado.
- Equilibrio.
- Mejorar la fuerza de los músculos abdominales, lo que proporciona soporte y estabilidad a la espalda del bebé cuando se sienta.

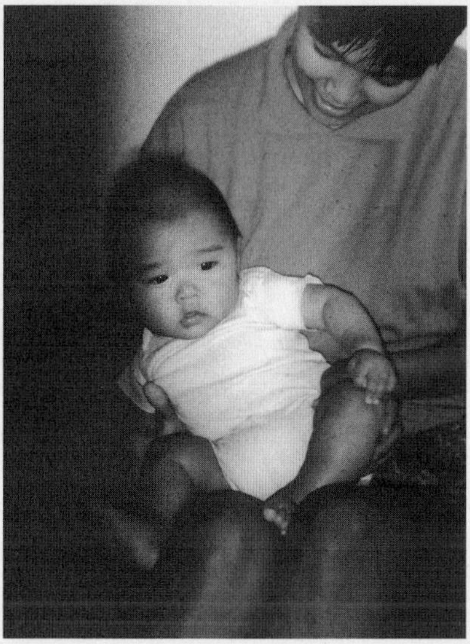

MATERIAL

- Una silla con un buen respaldo para la espalda. La silla debe permitirle sentarse con los pies extendidos sobre el suelo, con un espejo delante de usted de modo que pueda comprobar la postura y el alineamiento de la cabeza del bebé.

EJERCICIO

- Siéntese en el suelo con las piernas juntas y sostenga firmemente al bebé en su regazo, mirando hacia delante. Compruebe que la espalda del bebé está recta y se apoya en su cuerpo, y con la cabeza centrada.
- Ponga una mano en la parte superior del tronco y en el abdomen del bebé.
- Utilice la otra mano para estabilizar la cadera y los músculos abdominales según sea necesario.
- Incline suavemente al bebé hacia un lado unos cinco a diez centímetros. Asegúrese de que el bebé mantiene la cabeza levantada.
- Mueva a su bebé hasta la línea media, proveyéndole de soporte según sea necesario. Repita el ejercicio, alternando los lados. Asegúrese de que la cabeza del bebé permanece en el centro, incluso cuando lo inclina hacia un lado.

A continuación encontrará una tabla que puede utilizar como seguimiento de las habilidades motoras de su hijo. Si su hijo es un prematuro o sufre un retraso del desarrollo, algunas o todas estas habilidades aparecerán más tarde de lo que se recoge en la tabla.

Habilidades motoras del bebé

Semana	*1*	*2*	*3*	*4*	*5*	*6*	*7*	*8*	*9*	*10*	*11*	*12*	*13*	*14*
Mantiene la cabeza centrada con la ayuda de un soporte	👣	👣	👣	👣	👣	👣	👣	👣	👣	👣	👣	👣	👣	👣
Junta las manos			👣	👣	👣	👣	👣	👣	👣	👣	👣	👣	👣	👣
Sonríe						👣	👣	👣	👣	👣	👣	👣	👣	👣
Lo pasa bien con el movimiento sin sobresaltarse								👣	👣	👣	👣	👣	👣	👣
Dobla la barbilla cuando se le inclina hacia atrás								👣	👣	👣	👣	👣	👣	👣
Mantiene la cabeza levantada cuando está boca abajo, juega al menos durante cinco segundos								👣	👣	👣	👣	👣	👣	👣
Flexiona y estira las piernas cuando está acostado boca arriba										👣	👣	👣	👣	👣
Cuando se le pone boca abajo, soporta el peso con los antebrazos											👣	👣	👣	👣
Mantiene la cabeza centrada cuando el peso se desplaza a los lados													👣	👣

IMPORTANTE: cada bebé se desarrolla de manera diferente. Estas habilidades pueden aparecer incluso en el último período citado en la tabla, y seguirán encontrándose dentro de los límites normales.

Aprendizaje y juegos

Ahora que su bebé ya se ha acostumbrado a «estar en el exterior», empezará a explorar el mundo y a disfrutar de él. Puede soltar objetos y no sólo cogerlos pasivamente. Está empezando a entender el concepto de permanencia del objeto, es decir, entiende que mamá, los juguetes y las partes de su propio cuerpo siguen estando allí aunque no los pueda ver. Sigue los objetos con los ojos, como los movimientos de un juguete o las ilustraciones de un libro, y gira la cabeza en la dirección de donde procede un sonido. Está aprendiendo a comprender algunas palabras y empieza a emitir sonidos de dos sílabas y si su madre se lame los labios o da palmadas, la imita. A partir de ahora, también puede empezar a hacer pataletas cuando no puede ver a su mamá o a la persona que lo cuida.

Su bebé, que ahora tiene de dos a cuatro meses, está explorando el lenguaje, los sonidos y los timbres de las voces. También está empezando a entender que una palabra o un dibujo es el símbolo de un objeto real. Para ayudarle a comprender este concepto, escoja como lectura libros llenos de ilustraciones, preferiblemente pequeños libros de cartón (de diez a catorce centímetros) que muestren a bebés comiendo, jugando y pasándolo bien con otras actividades. Escoja libros con fotografías de personas y objetos reales, más que libros con dibujos o tiras cómicas. Los libros que pueden sujetarse al coche o a la sillita de automóvil lo mantendrán entretenido y al mismo tiempo le ayudarán a aprender. Además de aprender las habilidades necesarias para el lenguaje, los libros contribuirán a que desarrolle la coordinación óculo-manual cuando estire su mano para tocar los dibujos.

En este estadio, cuando le lea, utilice muy pocas palabras, por ejemplo, «¿Dónde esta la pelota?» más que «Venga, mira el libro y trata de encontrar la pelota». Déle tiempo para responder a su pregunta dirigiendo sus ojos al dibujo. (Esta habilidad se denomina «señalar con los ojos», y es el primer paso para aprender a señalar físicamente un objeto.) Si no lo capta enseguida, repítale «¿Dónde está la pelota?», y déle pistas, si es necesario, señalándola con el dedo o con un golpecito sobre el dibujo. Su bebé sólo está aprendiendo palabras individuales, así que no coordine más de dos o tres a la vez.

Los mejores libros para esta edad

- Libros de tela con ilustraciones.
- Libros de plástico con ilustraciones.
- Libros de cartón con ilustraciones, de diez a catorce centímetros, con bebés realizando distintas actividades:
  Un bebé que come.
  Un bebé que juega.
  Un bebé al que le cambian el pañal.
  Un bebé que está tomando un baño.
- Libros con fotografías reales más que con dibujos animados o tiras cómicas.
- Libros que puedan sujetarse al cochecito o a la sillita para automóvil.
- Busque libros con una sola fotografía por página, con fotografías o dibujos realistas más que tiras cómicas.

JUGUETES/MATERIAL

Patito que emite chillidos

Habilidades

1. Gira la cabeza hacia el sonido.
2. Sigue el sonido con los ojos.
3. Auditivas.
4. Anticipación.
5. Memoria.
6. Utilización simultánea de los ojos y la cabeza.

Anillas de goma de color rojo

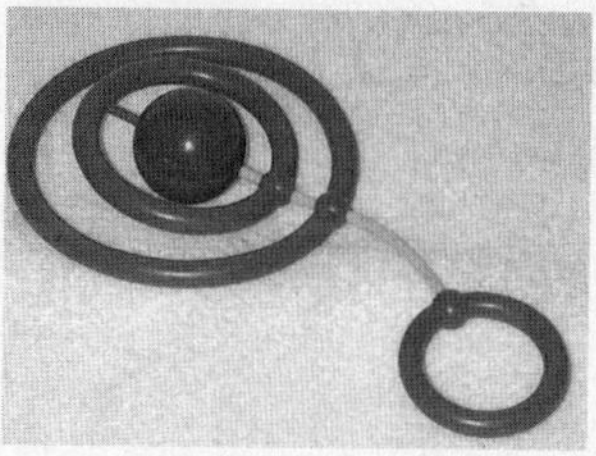

Habilidades

1. Enfocar y seguir un objeto en movimiento.
2. Prensión y exploración de la textura.
3. Destreza motora fina.

Serpiente o gusano de trapo

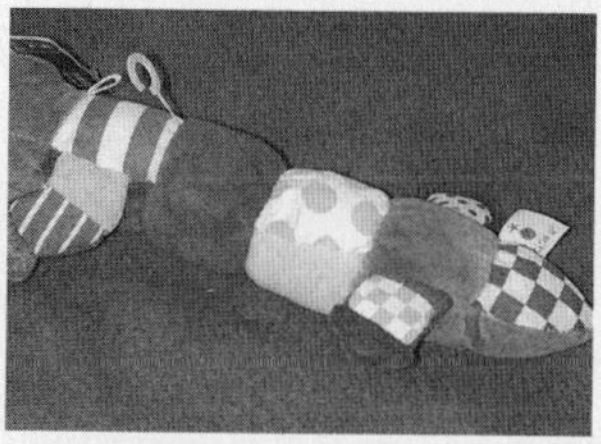

Habilidades

1. Exploración táctil.
2. Destreza con las manos.
3. Habilidades de prensión.
4. Discriminación táctil.
5. Conocimiento auditivo.
6. Habilidades de discriminación visual.

Esfera llena de agua con un patito

Habilidades

1. Movimiento en el espacio.
2. Causa/efecto: rastreo con los ojos, siguiendo el movimiento.
3. Seguridad en sí mismo/autonomía (el bebé puede hacer que el patito se mueva y chapotee en el agua).

Libros ilustrados

Habilidades

1. Habilidades de vocabulario.
2. «Señalización con los ojos», mirando hacia un objeto de interés.
3. Concepto de que las palabras y los dibujos son símbolos de objetos reales.

Muñeca de trapo con cara

Habilidades

1. Permanencia de objeto, mientras juega con la muñeca junto a la madre (cuando la madre oculta la muñeca con una manta, el bebé no puede verla. Cuando reaparece, el niño se da cuenta de que la muñeca seguía allí aunque no estuviera a la vista).
2. Conciencia corporal del yo y de los demás, descubre las partes de su cuerpo.

Juegos en el regazo

HABILIDADES QUE DESARROLLA

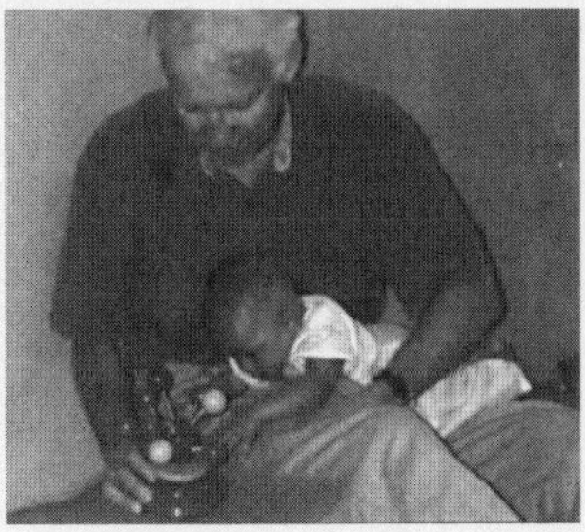

- Jugar mientras está boca abajo.
- Extensión de la mano.
- Utilizar al mismo tiempo los ojos y la cabeza para desarrollar la coordinación óculomanual.

MATERIAL

- Una tela de colores vivos, juguetes musicales de cuerda blandos al tacto, libros de tela, juguetes de goma blanda que emiten ruidos o una pelota de tela o estampada de ocho a dieciséis centímetros de diámetro.

EJERCICIO

- Siéntese cómodamente en una silla o en el suelo con la espalda apoyada. Ponga al bebé en diagonal en su regazo. Asegúrese de que está bien derecho y de que su cabeza y sus hombros están hacia delante.
- Ponga un juguete o la tela delante del bebé para que pueda tocarlo con facilidad.
- Si su bebé recién empieza a acostumbrarse a estar boca abajo, levántele las piernas de modo que esté más en pendiente.
- Con cuidado, ayude a su bebé a explorar el juguete o la tela con las manos.
- Jueguen durante uno a tres minutos, alternando el lado izquierdo y el derecho.

NOTA 1: asegúrese de realizar este ejercicio con ambos lados.

NOTA 2: supervise siempre los juegos en postura boca abajo de modo que el bebé no se quede dormido. Los médicos recomiendan que los bebés duerman siempre acostados boca arriba para prevenir el síndrome de muerte súbita del bebé.

HABILIDADES DE APRENDIZAJE DEL BEBÉ

Semana	*6*	*8*	*10*	*12*	*14*	*16*	*18*	*20*	*22*	*24*
Sonríe	👣	👣	👣	👣	👣	👣	👣	👣	👣	👣
Mira a los padres durante cinco segundos	👣	👣	👣	👣	👣	👣	👣	👣	👣	👣
Sigue visualmente los objetos arriba/abajo/en diagonal unos veintiséis centímetros en cualquier dirección		👣	👣	👣	👣	👣	👣	👣	👣	👣
Produce sonidos vocales			👣	👣	👣	👣	👣	👣	👣	👣
Golpea a un muñeco			👣	👣	👣	👣	👣	👣	👣	👣
Extiende los brazos para pedir que lo cojan en brazos o porque quiere jugar			👣	👣	👣	👣	👣	👣	👣	👣
Produce sonidos de dos sílabas «uh-oh»					👣	👣	👣	👣	👣	👣
Hace una pataleta o se intranquiliza cuando no ve a su madre o a la persona que lo cuida						👣	👣	👣	👣	👣
Trata de quitarse la ropa que le cubre la cara						👣	👣	👣	👣	👣

IMPORTANTE: cada bebé se desarrolla de manera diferente. Estas habilidades pueden aparecer incluso en el último período indicado en la tabla, y seguirán encontrándose dentro de los límites normales.

Puede utilizar la tabla de la página anterior para evaluar el progreso de las habilidades de aprendizaje de su hijo. Si su bebé es un prematuro, o padece un retraso del desarrollo, algunas o todas estas habilidades aparecerán más tarde de lo que se recoge en la tabla.

Logros del bebé

Cuando su bebé haya empezado a dominar los ejercicios descritos en este capítulo, habrá adquirido las nuevas habilidades siguientes:

- Puedo mirar y seguir un objeto de veinticuatro a veintiséis centímetros de un lado a otro y de arriba abajo.
- Cada vez me sobresalto con menos facilidad; en este estadio, mis brazos suelen estar estirados hacia delante.
- Boca arriba, puedo mantener la cabeza centrada, puedo flexionar las rodillas y levantarlas del suelo.
- En una posición sedente con apoyo, puedo mantener la cabeza levantada y centrada durante como mínimo diez segundos. Puedo girar la cabeza hasta el centro desde el lado izquierdo o el derecho. Puedo levantar la barbilla y doblarla sobre el pecho.
- Boca abajo, puedo levantar la cabeza y sostenerla durante un momento.
- Puedo juntar ambas manos. Mis manos están abiertas con los pulgares extendidos fuera de las palmas, como mínimo la mitad del tiempo. Durante unos segundos, puedo sujetar un juguete que me ponen en la mano.

«¿PUEDE DECIRME POR QUÉ..?»
Respuestas a las preguntas que con frecuencia plantean los padres

A mi marido le encanta alborotar con nuestro hijo. Lanza al bebé al aire y el niño grita de placer, pero a mí me da miedo que se pueda caer. ¿Soy sobreprotectora en exceso?

No, es usted muy sensata. He tratado a varios bebés que sufrieron graves traumatismos por caídas durante juegos de este estilo, uno cuando el perro de la familia se puso debajo de sus pies, y el otro cuando sonó el timbre de la puerta, lo que distrajo al padre por unos instantes. Su bebé y su esposo pueden divertirse por igual con juegos bruscos pero siempre en el suelo, o practicando los ejercicios descritos en este libro, y su hijo no correrá ningún riesgo.

A mi bebé no le gusta ni pizca estar boca abajo, y llora cuando lo dejo en el suelo acostado en esta postura. ¿Qué puedo hacer?

A algunos bebés simplemente les disgusta estar boca abajo en el suelo. Sin embargo, muchos niños pueden llegar a acostumbrarse si se les pone en esta postura en el regazo de mamá o de papá. La postura boca abajo mejorará la extensión de la espalda de su hijo así como el alineamiento como preparación para sentarse, y ésta es una importante habilidad que ha de aprender su bebé.

Mi bebé pierde mucho pelo en la coronilla donde ya es visible una gran placa de calva. ¿Qué es lo que debo hacer?

Esto es normal, y con frecuencia ocurre cuando se acuesta al bebé boca arriba. Cuando su hijo no esté durmiendo, póngalo en otras posturas, incluyendo acostarle de lado y boca abajo. (Sin embargo, asegúrese de que para dormir lo acuesta boca arriba, ya que numerosos estudios de investigación indican que esta posición reduce el síndrome de muerte súbita del bebé.) También es aconsejable que adquiera una hamaca o una silla con movimiento para bebé.

Mi bebé no parece ver bien. No me mira, pero mira a la luz. ¿Qué es lo que puede ver?

La mayoría de los bebés al principio no ven bien. Para poder enfocar necesitan aprender a utilizar los músculos de los ojos. Durante las seis primeras semanas más o menos, la mayor parte de los bebés sólo ven el contraste de la luz y la oscuridad. Si esto no cambia cuando su hijo tenga ocho semanas de vida, consulte a su pediatra para un examen detallado.

Mi bebé parece muy fuerte. Cuando le baño se pone rígido y estira los pies. ¿Qué significa?

Entre los tres y los cuatro meses, el control muscular de su bebé mejora a nivel de la cabeza, el cuello y el tercio superior de la espalda, y será capaz de hacer fuerza. Hacer fuerza contra la gravedad lo prepara para sentarse y darse la vuelta, y desarrolla la fuerza de la espalda. Sin embargo, si su bebé se arquea y se pone rígido, *pero es incapaz de doblarse*, es importante que hable con su médico. Su bebé puede necesitar ayuda para aprender a flexionar y a relajar sus músculos.

Mi bebé no sujeta los juguetes, los deja caer. ¿Debería preocuparme?

No se preocupe, su hijo esta haciendo exactamente lo que debería hacer ahora mismo. Lo crea o no, dejar caer los juguetes es un importante hito en el desarrollo precoz de su hijo.

La mayor parte de los bebés cogen involuntariamente cualquier cosa que se les ponga en la mano. A medida que su bebé aprenda a abrir la mano y dejar caer juguetes, habitualmente entre las seis y las doce semanas, aprenderá a inhibir este reflejo involuntario de prensión. A continuación, aprenderá a sujetar objetos *voluntariamente*, una habilidad mucho más avanzada que la prensión involuntaria.

Mi bebé parece diestro en exceso. Siempre tiene cerrado el puño con una de sus manos e incluso me resulta difícil abrirle la mano cuando lo baño. ¿Es motivo de preocupación?

Los bebés habitualmente no son ni diestros ni zurdos. Si un bebé mantiene siempre cerrado el puño después de los dos meses, puede ser un signo de desequilibrio muscular o distonía muscular. Consúltelo a su pediatra.

Para ayudar a su bebé a aprender a abrir la mano, practique el ejercicio «Coge mi mano» del capítulo 1. También son aconsejables los juegos en el agua. Cuando su bebé esté en la bañera, échele agua lentamente sobre su puño. Ábrale el puño y utilice su mano para sacar y liberar el agua. Además, póngale cascabeles en la muñeca o una pulsera con cascabeles en la mano que utiliza menos.

Me he dado cuenta de que hay un lado de la cabeza de mi bebé un poco aplanado. ¿Desaparecerá? ¿Qué puedo hacer, si es que hay alguna medida aconsejable?

Este aplanamiento recibe el nombre de moldeamiento de los huesos craneales. Habitualmente se produce cuando se pone con demasiada frecuencia al bebé en una postura, por ejemplo, boca arriba o de lado. Trate de acostar a su hijo del lado contrario a «esta abolladura». Consulte a su pediatra, que puede recomendarle un especie de casco de plástico que contribuirá a que el cráneo se desarrolle de manera uniforme a medida que su bebé crece. Habitualmente el cráneo de un bebé se nivela con el tiempo y las posturas variadas. En ocasiones, el problema puede requerir algunas visitas a un fisioterapeuta, que puede ayudarla a desarrollar un programa correctivo.

Mi bebé sigue sin dormir toda la noche de un tirón. Me estoy volviendo loca. ¡Acabo de regresar del trabajo y necesito dormir! ¿Tiene alguna solución?

En el mercado puede encontrar buenos libros con consejos para mejorar el sueño de su hijo. Pruebe, además, los siguientes «trucos»:

- Durante unos días, deje que sea su marido quien se levante y dé un biberón o unas palmaditas al bebé hasta que vuelva a dormirse.
- Asegúrese de que las siestas de su hijo no son demasiado largas a última hora de la tarde o a primera hora de la noche.
- Trate de mantener despierto al bebé hasta las diez o las once de la noche por lo menos.
- Permanezca más tiempo con su hijo antes de acostarle, y ponga parte de la ropa que haya llevado ese día cerca de él, de modo que pueda oler su perfume, lo que le tranquilizará. Asegúrese de que pone la ropa de modo que su bebé no corre el peligro de enredarse con ella.

Capítulo 3

Puedo darme la vuelta

Su bebé ve más y más mundo cada día, y lo encuentra fascinante. Disfruta cuando lo llevan en un canguro, mochila o bolsa bien acurrucado, porque le gusta estar bien derecho y verlo todo. Las personas nuevas o los lugares nuevos ya no le asustan como ocurría antes. De hecho, está ávido de nuevas experiencias, siempre que no le resulten aturdidoras en exceso.

En este estadio, su bebé está empezando a entender algunas palabras y es probable que conozca los nombres de cuatro a seis objetos. También ha integrado su reflejo de prensión, lo que le permite sujetar y soltar juguetes a voluntad.

Su bebé sigue poniéndose en la boca todo lo que encuentra, pero en estos momentos ha aprendido un modo incluso más interesante de explorar su universo: darse la vuelta. Es probable que su primera experiencia de darse la vuelta sea un accidente sorprendente y maravilloso. Los bebés con frecuencia primero se dan la vuelta desde la posición boca abajo a boca arriba, y luego, cautivados por este logro, ejercitan esta habilidad hasta que pueden hacerlo fácilmente. Darse la vuelta enseña al bebé a desplazar su peso de un lado a otro de su cuerpo, como preparación para sentarse, gatear y andar. También le permite explorar la percepción de la profundidad y la espacial, sin ningún miedo a caerse.

Para llegar a dominar el arte de darse la vuelta, su bebé primero necesita saber cómo cruzar la línea media de su cuerpo con sus brazos y piernas. Muchos de los ejercicios de este apartado tratan de ejercitar este desplazamiento al otro lado de la línea media. También enseñan a su bebé a desplazar su peso y a hacer los movimientos graduales, controlados, que necesitará para llegar a dominar los rodamientos y otras habilidades.

Observará que muchos de los ejercicios de este apartado utilizan la postura acostado de lado, ya que para su hijo será más fácil aprender a darse la vuelta cuando está en esta posición. Desde esta posición, es más corto el recorrido para darse la vuelta hasta quedar boca arriba o boca abajo. Además, la posición acostado de lado también le ayuda a desarrollar la simetría, y le enseña a alinear sus caderas, espalda y hombros.

Habilidades del bebé para empezar

Antes de iniciar los ejercicios descritos en este capítulo, su bebé debe manifestar las habilidades básicas siguientes:

- Puedo tolerar la postura acostado boca abajo en el regazo de papá o mamá o en el suelo, durante al menos un minuto.
- Mientras estoy acostado boca arriba puedo tocarme las rodillas o las piernas.
- Mientras estoy acostado boca arriba, o sentado con soporte, puedo extender uno o ambos brazos y golpear un objeto.
- Cuando me cambian el pañal, puedo levantar las piernas, en ocasiones tocando con los talones el suelo o la mesa donde me cambian.
- Cuando estoy boca abajo, puedo hacer movimientos de natación.

NOTA: Estos ejercicios son secuenciales, y aunque resulta tentador quemar etapas, contenga sus ganas. Para su bebé es mucho mejor una buena base en las habilidades esenciales, de modo que hagan los ejercicios paso a paso.

EJERCICIOS

Doy la vuelta de lado

HABILIDADES QUE DESARROLLA

- Extender el antebrazo mientras está acostado de lado.
- Abrir la mano y utilizar los dedos para explorar un juguete.
- Jugar con ambas manos a la vez.
- Mantener los brazos extendidos mientras está jugando acostado de lado.
- Mejorar la coordinación óculo-manual.
- Reducir el reflejo de sobresalto.

MATERIAL

- Cualquier juguete que interese al bebé.

EJERCICIO

- Siéntese en una silla cómoda o en el suelo con la espalda bien apoyada, con las piernas extendidas.
- Ponga al bebé acostado de lado en su regazo con las nalgas contra el pecho.
- Ponga un juguete a una distancia de unos catorce centímetros del hombro de su bebé, de modo que su mano toque el juguete cuando extienda sus brazos.
- Proporcione estabilidad a los hombros del bebé, si es necesario, para mantener sus brazos extendidos.

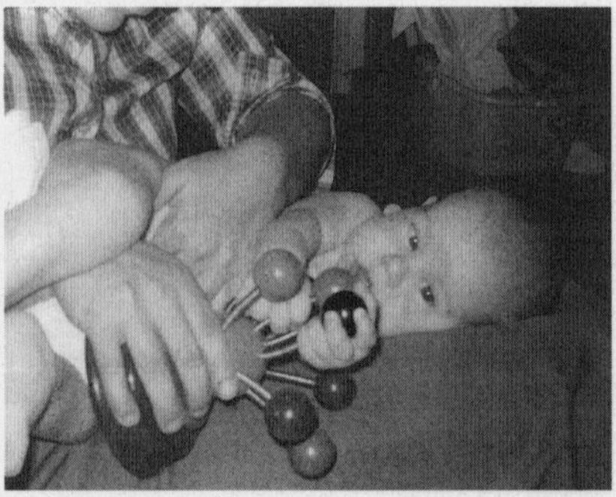

- Una vez que su hijo pueda jugar en esta posición sin caerse hacia delante o hacia atrás, con ambos brazos extendidos, baje su antebrazo hasta que quede paralelo con su costado y anímelo a estirarse por sí solo para tocar el juguete.
- Ponga al bebé acostado del otro lado, y repita el ejercicio.

Dame ese juguete

HABILIDADES QUE DESARROLLA

- Mantener la cabeza en la línea media, mirar un objeto y estirarse para tocarlo.
- Coordinación óculo-manual.
- Aumentar la estabilidad de los hombros y la fuerza de los brazos.

MATERIAL

- Un juguete blando, cuyo relieve no mida más de diez centímetros de diámetro.

EJERCICIO

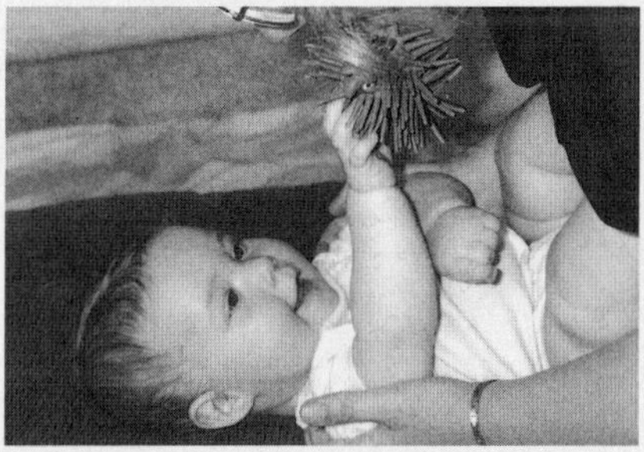

- Ponga al bebé acostado boca arriba o en su regazo con las rodillas flexionadas, de modo que sus nalgas queden ligeramente inclinadas hacia arriba y sus pies se apoyen en su pecho. Asegúrese de que su cabeza está en la línea media, y su cabeza y barbilla se encuentran hacia delante. (Si es necesario, utilice una almohada pequeña.)
- Póngase el juguete en la boca, manteniendo su cara a un brazo de distancia de la cara de su hijo.
- Provea una buena sujeción para los hombros de su hijo si es necesario, a medida que aprende a estirarse y a jugar por sí solo con el juguete.

- Estimule a su bebé a practicar las extensiones con su brazo izquierdo y derecho por separado. A medida que desarrolle una mayor estabilidad de los hombros, será capaz de jugar con ambas manos a la vez.
- Mueva lentamente el juguete desde el centro hasta un lado para que el bebé aprenda a darse la vuelta.

Me pongo boca abajo

HABILIDADES QUE DESARROLLA

- Extensión cruzando la línea media.
- Desplazar el peso hacia delante.
- Cuando está acostado de lado, darse la vuelta hasta quedar boca abajo.
- Coordinación óculo-manual.

MATERIAL

- Un juguete blando.
- Ponga al bebé en el suelo acostado de lado, asegurándose de que la pierna de arriba está flexionada por la rodilla.
- Proporcione estabilidad a la cadera y hombro de arriba para impedir que caiga hacia atrás o hacia delante.

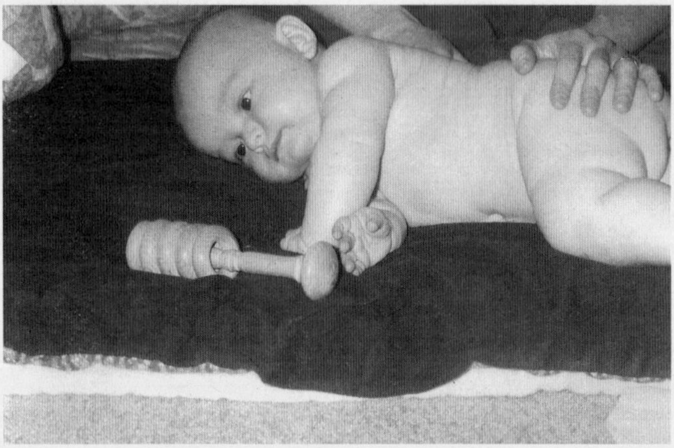

- Anímelo a extender el brazo de arriba para alcanzar el juguete.
- Elogie a su hijo cuando alcance el juguete, y gradualmente desplace más el juguete hacia delante, de modo que el impulso de alcanzarlo lo haga rodar boca abajo.
- Asegúrese de que le proporciona soporte para que el movimiento de rodar boca abajo sea lento más que rápido, lo que podría sobresaltarle. Su bebé aprende mejor a partir de ejercicios lentos, repetidos. Hágalo tres veces de cada lado.

Encuentro mi pie

HABILIDADES QUE DESARROLLA

- Levantar una pierna.
- Extensión a través de la línea media.
- Desplazar el peso y equilibrarlo de un lado a otro.
- Experimentar la sensación de tener una pierna flexionada y la otra estirada, como preparación para andar.
- Alineamiento de los pies y carga por medio de los talones como práctica para ponerse de pie.

EJERCICIO

- Ponga al bebé acostado boca arriba.
- Flexione una pierna del bebé por la rodilla y ponga su pie en el suelo con el talón bien apoyado, inclinado hacia abajo.

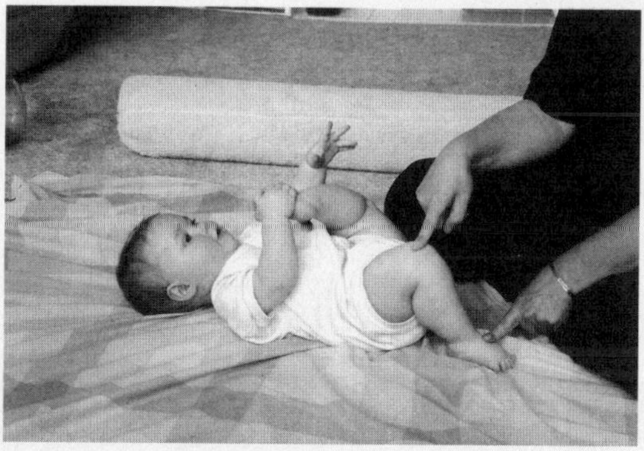

Compruebe la posición del pie y asegúrese de que está extendido.

- Con cuidado, *presione la rodilla del bebé* para darle la sensación de peso a través del pie.
- Anime al bebé a jugar con el otro pie. Proporciónele soporte según lo precise. Asegúrese de que su cabeza permanece en la línea media mientras juega.
- Repita el ejercicio con el otro lado.

Abrazo y me estiro

HABILIDADES QUE DESARROLLA

- Aumentar la fuerza y estabilidad en hombros y caderas.
- Experiencia del desplazamiento del peso como preparación para darse la vuelta.
- Aumentar la extensión de la cadera y de la espalda.

EJERCICIO

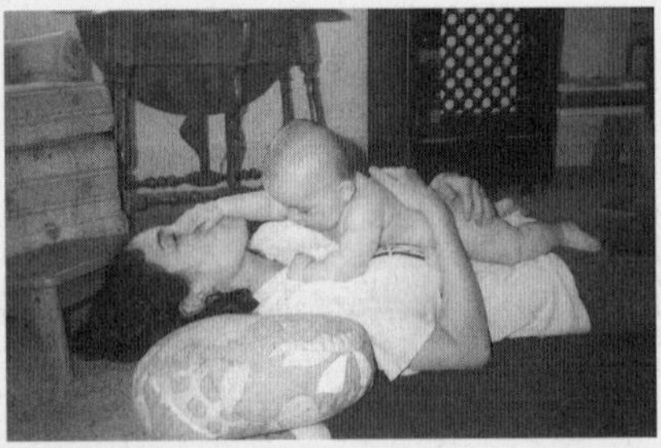

- Échese en el suelo con una almohada debajo de la cabeza.
- Ponga al bebé sobre su pecho, boca abajo. Provea soporte al bebé con un brazo sobre el tercio superior de su espalda y el otro sobre las caderas. Apriételo con suavidad para evitar que levante las nalgas.
- Asegúrese de que los brazos del bebé están hacia delante y sus antebrazos soportan su peso.
- Dése la vuelta ligeramente hacia un lado, de modo que el peso del niño se desplace hacia este lado. Compruebe la posición de su cabeza; debe permanecer centrada, y no ha de caer hacia uno u otro lado.
- Anime a su bebé a levantar el brazo y a estirarlo. Haga el ejercicio tres veces de cada lado.

Rocanroleo

HABILIDADES QUE DESARROLLA

- Aumentar la capacidad para moverse acostado boca abajo con la cabeza levantada.
- Desplazar el peso del cuerpo de un lado a otro.
- Moverse en círculo y estirarse para alcanzar un juguete.
- Aprender a girarse y a estirarse cruzando la línea media.

MATERIAL

- Un edredón mullido.
- Uno de los juguetes preferidos del bebé.

EJERCICIO

- Ponga al bebé boca abajo sobre un edredón.
- Ponga el juguete junto al niño, cerca de su codo.
- Anime a su bebé a mirar el juguete y a estirarse para tocarlo.
- Mueva el juguete unos cinco centímetros y anime a su bebé a moverse en el sentido de las agujas del reloj. Repítalo hasta que haya completado un círculo. Repita el ejercicio en el sentido contrario a las agujas del reloj.

A continuación se muestra una tabla de progresos que puede utilizar como seguimiento de las habilidades motoras del bebé. Si su bebé es un prematuro o padece un retraso del desarrollo, algunas o todas estas habilidades aparcerán más tarde de lo que se recoge en la tabla.

Habilidades motoras del bebé

Mes	*2*	*2,5*	*3*	*3,5*	*4*	*4,5*	*5*
SENTADO EN UNA SILLITA PARA BEBÉ							
Casi siempre tiene las manos abiertas				👣	👣	👣	👣
Flexiona y estira los pies, una pierna flexionada y la otra estirada (movimientos de bicicleta)					👣	👣	👣
Cuando está sentado o acostado boca arriba, mantiene la cabeza en la línea media					👣	👣	👣
BOCA ABAJO							
Levanta la barbilla seis a nueve centímetros con la cabeza en un ángulo de cuarenta y cinco grados				👣	👣	👣	👣
Soporta el peso con los antebrazos				👣	👣	👣	👣
«Nada» (levanta los brazos y piernas del suelo)					👣	👣	👣
Gira o da la vuelta en un círculo							👣

Mes	***2***	***2,5***	***3***	***3,5***	***4***	***4,5***	***5***
ACOSTADO BOCA ARRIBA							
Levanta los brazos para dar un golpe a un objeto				👣	👣	👣	👣
Se toca las rodillas, la barriga y los pies					👣	👣	👣
Levanta una pierna mientras tiene la otra en el suelo						👣	👣
Balbucea «uh-oh»						👣	👣
ACOSTADO DE LADO							
Cruza el centro de su cuerpo con un brazo y toca un juguete	👣	👣	👣	👣	👣	👣	👣
Extiende una pierna para tocar el suelo con los dedos de los pies	👣	👣	👣	👣	👣	👣	👣

IMPORTANTE: cada bebé se desarrolla de manera diferente. Estas habilidades pueden aparecer incluso en el último período mencionado en la tabla, y seguirán encontrándose dentro de los límites normales.

Aprendizaje y juegos

A medida que su bebé aprenda a darse la vuelta, explorará nuevas habilidades y perfeccionará las que ya ha adquirido. Mejorará el control de su cabeza, y será capaz de enfocar claramente con los ojos y seguirla con la mirada mientras usted se mueve por la casa, o señalará los dibujos que ve en un libro. Será capaz de mantener la cabeza centrada casi constantemente cuando mira sus juguetes o dibujos y practicará nuevas habilidades como abrir la mano y soltar los juguetes que alguien le ha puesto en ella.

Además, su bebé empieza a conocer su propio cuerpo y a descubrir que sus manos y sus pies, estos misteriosos objetos que le han fascinado durante semanas, en realidad forman parte de él. También está empezando a desarrollar una mejor coordinación mano-ojo, la percepción de la profundidad, la memoria visual (el recuerdo de los objetos y de las caras que ha visto) y los inicios de las habilidades del lenguaje. Además, tiene un concepto mucho más claro de «permanencia del objeto», la idea de que los objetos existen aun cuando no pueda verlos.

Su bebé jugará solo durante períodos cada vez más largos sin dar muestras de inquietud porque empieza a disfrutar siendo independiente. En este estadio estar solo le resulta más entretenido porque su coordinación se ha perfeccionado y puede coger y dar golpes a sus juguetes, moverse y jugar con los dedos de sus manos y pies.

Éste es un período ideal para que comparta libros simples con su bebé, a medida que empieza a desarrollar un vocabulario. En este estadio el bebé se da cuenta de que las palabras son símbolos de cosas reales, ¡lo que es una revelación fascinante! Algunos libros adecuados para esta edad incluyen libros para jugar al «cucú, ¿está?» que tienen solapas, por las que el bebé puede mirar y por las que aparecen súbitamente los objetos escondidos, al igual que los libros con relieve. También le resultan divertidos los libros con agujeros, los libros con dedos marioneta y libros con objetos que emiten chirridos y otros ruidos. Además, lo pasará bien con libros que contengan fotografías de animales y objetos domésticos y del barrio que le sean familiares, así como libros que muestren a padres y bebés haciendo cosas juntos. En estos momentos de lectura, al mismo tiempo, juegue con su hijo para ayudarlo a aprender nuevas palabras y habilidades de imitación. Por ejemplo, cuando esté mirando un dibujo, dígale: «¡encuentra al perro!». A esta edad su bebé lo pasará en grande participando de manera activa cuando le lea.

También puede enseñarle un montón de palabras jugando a «hacer el eco», juego en el que usted repite los sonidos que emite el bebé. O pueden jugar a «sígueme»: dé un golpecito a la mesa, haga un chasquido con la lengua o efectúe cualquier otro acto simple, después mire con mucha expectación a su hijo y dígale: «ahora te toca a ti». Estos juegos mejorarán las habilidades verbales y auditivas de su hijo y lo ayudarán a entender lo que significa turnarse.

Los mejores libros para esta edad

- Libros gruesos de cartón o libros de tela o de plástico para la bañera, que el bebé incluso puede masticar y mojar sin que se estropeen.
- Libros con solapas para jugar al «cucú, ¿está?».
- Libros con relieve.
- Libros con agujeros para que el bebé pueda explorar con los dedos.
- Libros con dedos marioneta pegados.
- Libros con fotografías de animales (perro, gato).
- Libros con objetos que emiten ruidos.
- Libros que muestran a padres y bebés haciendo cosas juntos.
- Libros de objetos familiares (alimentos, ropa).

JUGUETES/MATERIAL

Anillas de goma

Habilidades

1. Habilidades de prensión.
2. Aprender a soltar.
3. Estimulación/desensibilización oral-motora.
4. Coordinación óculo-manual.
5. Posición en el espacio.

Sonajero

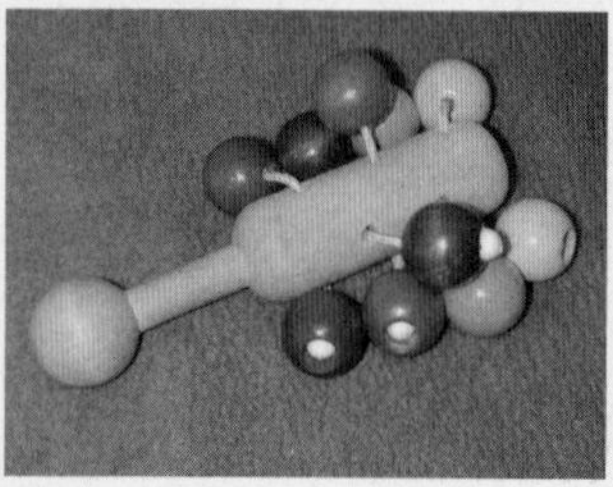

Habilidades

1. Orientación espacial (posición en el espacio).
2. Relación espacial.
3. Habilidades de prensión.
4. Estimulación oral-motora.

Osito o muñeco para hacer pompas de jabón

Habilidades

1. Habilidades motoras visuales.
2. Memoria visual.
3. Comprensión de las palabras como símbolos de objetos reales.
4. Habilidades previas al lenguaje: conceptos de «arriba/abajo» y «dentro/fuera».
5. Anticipación causa-efecto: las pompas de jabón que asoman, estallan.

Libros de «acción»

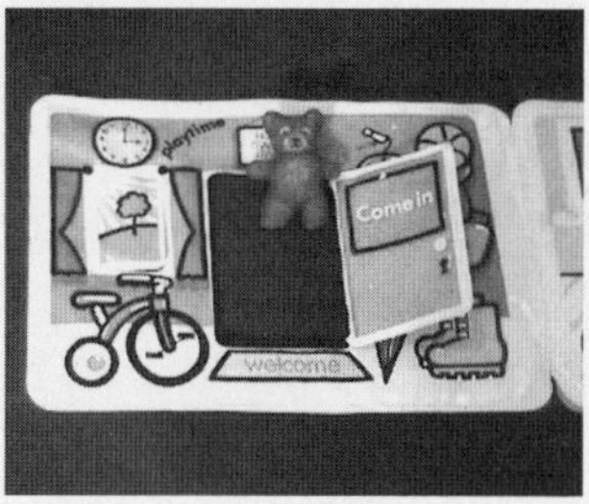

Habilidades

1. Causa-efecto: el bebé puede abrir las solapas, jugar con las marionetas en el libro, etcétera.
2. Relación espacial: abrir, cerrar.
3. Interacción social.
4. Habilidades de vocabulario.
5. Permanencia de objeto: el objeto sigue existiendo aun cuando no sea visible.
6. Memoria visual, dibujos ocultos debajo de las solapas

Muñecos que se bambolean del tipo tentetieso (colocados entre el bebé y un espejo)

Habilidades

1. Causa-efecto: el bebé crea una acción.
2. Conciencia de sí mismo: el bebé lo pasa bien viéndose en el espejo.
3. Orientación espacial.
4. Coordinación óculo-manual.

Sillita-gimnasio

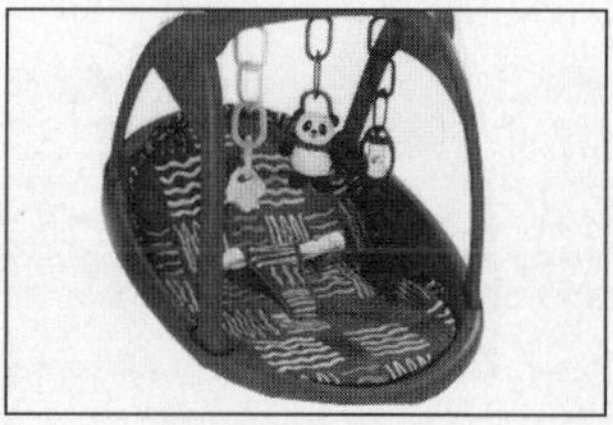

Habilidades

1. Autonomía: el bebé aprende a jugar solo pasándolo bien.
2. Seguridad en sí mismo: el bebé aprende a controlar su entorno.
3. Coordinación óculo-manual.
4. Estabilidad a nivel de la cintura escapular (hombros).
5. Causa-efecto: cuando el bebé da un golpe a un objeto, éste se mueve.

Me toco los dedos de los pies

HABILIDADES QUE DESARROLLA

- Levantar las piernas y tocarse las rodillas y los pies mientras está acostado boca arriba.
- Experimentar desplazamientos de peso, como preparación para sentarse y andar.

MATERIAL

- Anillas de goma o de plástico, calcetines a rayas de colores vivos o calcetines con cascabeles.
- Velcro en el que coserá unos cascabeles.

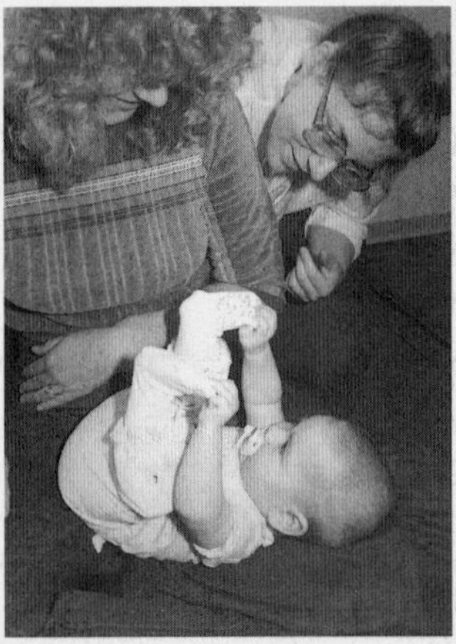

EJERCICIO

- Póngase al bebé en su regazo o póngalo en el suelo con sus nalgas contra su cuerpo como soporte.
- Levante las piernas del bebé (si necesita ayuda) de modo que pueda tocarse las rodillas y llegar a tocarse los dedos de sus pies. Proporciónele soporte si es necesario.
- Ponga un juguete en el pie o el tobillo de su hijo.
- Gradualmente proporciónele menos soporte y anime a su bebé a levantarse, estirarse y agarrarse bien a los pies por sí solo y a jugar con los cascabeles que lleva puestos.
- Estimule a su bebé a dar la vuelta de un lado a otro.

A continuación se muestra una tabla de progreso que puede utilizar para seguir las habilidades de aprendizaje de su hijo. Si su bebé es un prematuro o padece un retraso del desarrollo, algunas o todas estas habilidades aparecerán más tarde de lo que se recoge en la tabla.

HABILIDADES DE APRENDIZAJE DEL BEBÉ

Mes	*2,5*	*3*	*3,5*	*4*	*5*	*6*	*7*
Permanece despierto una a dos horas	👣	👣	👣	👣	👣	👣	
Abre la mano	👣	👣	👣	👣	👣	👣	
Suelta los juguetes que se le han puesto en la mano	👣	👣	👣	👣	👣	👣	
Mantiene la cabeza en la línea media cuando fija la mirada		👣	👣	👣	👣	👣	
Puede rastrear/seguir visualmente los objetos		👣	👣	👣	👣	👣	
Suelta los juguetes		👣	👣	👣	👣	👣	
Puede mantener la atención durante más tiempo (tres minutos cada vez)		👣	👣	👣	👣	👣	
Sujeta un juguete durante dos a cinco segundos			👣	👣	👣	👣	
Sigue visualmente al padre/madre			👣	👣	👣	👣	
Mira dibujos con mucho contraste en los libros, y ayuda a girar las páginas				👣	👣	👣	
»Señala con los ojos»: sigue con la mirada los objetos familiares de la casa o de un libro				👣	👣	👣	
Aprende lo que significa la permanencia del objeto (algo que existe aunque no pueda verlo); mira hacia donde vio por última vez un objeto cuando lo ha dejado caer				👣	👣	👣	👣
Aparece la coordinación óculo-manual; mira hacia un juguete; se estira para coger juguetes y después los deja caer				👣	👣	👣	👣

IMPORTANTE: cada bebé se desarrolla de manera diferente. Estas habilidades pueden aparecer incluso en el último período citado en la tabla, y seguirán encontrándose dentro de los límites normales.

Logros del bebé

Cuando su bebé complete el estadio de los rodamientos, tendrá las siguientes habilidades:

- Puedo mover la cabeza y los hombros por separado.
- Cuando estoy acostado de lado, puedo estirarme a través del centro de mi cuerpo para alcanzar un juguete.
- Puedo flexionar mis rodillas hasta el pecho.
- Puedo levantar las rodillas del suelo y tocármelas, o tocar el suelo con una pierna al mismo tiempo que tengo la otra rodilla levantada (como si fuera en bibicleta).
- Puedo flexionar mis tobillos mientras mantengo las piernas estiradas.
- Puedo levantar ambas piernas por separado, como preparación para la marcha.
- Mi reflejo del sobresalto está mejor integrado. Cuando estoy sentado con apoyo, puedo extender mis brazos hacia delante, y puedo doblar la barbilla cuando me sobresalto o me inclino hacia atrás.
- Cuando estoy acostado boca abajo, puedo levantar la cabeza al mismo tiempo que soporto el peso de mi cuerpo con los antebrazos.
- Puedo sacarme parcialmente la ropa que me cubre la cara mientras estoy acostado de lado o boca arriba.
- Cuando me cogen por el pecho y me inclinan hacia delante, puedo proyectar mis brazos hacia delante y extender los dedos para protegerme.
- Puedo tragar con la boca cerrada, siempre que no esté resfriado.
- Mientras estoy acostado boca abajo puedo darme la vuelta hasta quedar boca arriba y viceversa.
- Puedo mirar los dibujos de un libro y dirigir mis ojos a tres o cuatro objetos específicos (p. ej., una pelota, un bebé, un perro).

- Reconozco a las personas que me son familiares, como mamá, papá y mi cuidadora.
- Me lo paso muy bien jugando al «cucú, ¿está?».

«¿Puede decirme por qué...?»

Respuestas a las preguntas que con frecuencia plantean los padres

Mi bebé se daba la vuelta cuando tenía tres semanas, pero ahora ha dejado de hacerlo. ¿Es esto motivo de preocupación?

Algunos bebés se dan la vuelta por accidente muy temprano; en realidad sólo giran la cabeza y su cuerpo la sigue. Los terapeutas lo denominan «rodamiento de tronco». A medida que desarrollan un buen control de la cabeza y superan el reflejo del sobresalto, aprenden a mover por separado las partes superior e inferior de su cuerpo, y pueden iniciar los rodamientos utilizando los brazos y las piernas por separado. Los bebés pueden aprender este tipo de rodamiento, más avanzado, a cualquier edad entre los cuatro y los ocho meses.

Mi bebé puede darse la vuelta desde la posición boca abajo hasta la posición boca arriba, pero no al revés. ¿Por qué?

La gravedad contribuye a que su hijo se de la vuelta desde la posición boca arriba hasta la boca abajo. Para que su bebé se dé la vuelta en sentido contrario, debe levantar su cabeza, hombros y parte de su abdomen contra la gravedad, en otras palabras, casi el cincuenta por ciento de su cuerpo. Muchos bebés primero se dan la vuelta desde una postura boca arriba hasta boca abajo, pero cualquiera de ambos rodamientos es normal. Ayude a su hijo a darse la vuelta desde una postura boca arriba hasta quedar boca abajo practicando el ejercicio «Rocanroleo».

Cuando mi bebé se da la vuelta, pone siempre los brazos debajo de su cuerpo. ¿He de preocuparme, o es algo normal?

En ocasiones esto ocurre cuando un bebé está aprendiendo a darse la vuelta, porque no sabe muy bien cómo desplazar su peso de un lado a otro para dejar libres sus brazos. Si su bebé sigue teniendo dificultades después de haber practicado rodamientos durante como mínimo un mes, haga prácticas con él mientras está acostado de lado y sosténgalo en esta posición hasta que levante los brazos. También pueden practicar el ejercicio «Me estiro y doy la vuelta». Si su bebé puede darse la vuelta de un lado pero no de otro, hagan el ejercicio de este lado.

Mi bebé no parece sentirse cómodo cuando está acostado boca abajo. Llora y sigue sin levantar la cabeza.

Primero, debe comprobar hasta qué punto su hijo tiene un buen control de la cabeza. Es posible que requiera un soporte adicional mientras está aprendiendo a utilizar los músculos de su cuello, hombros y abdomen para levantarse. Los buenos ejercicios para mejorarlo incluyen «Juegos en el regazo» y «Flexiones del bebé» (capítulo 2), y «Abrazo y me estiro» (capítulo 3).

Trate de vestir al bebé mientras lo sostiene en su regazo, boca abajo. Asimismo, juegue con su bebé mientras lo tiene en el regazo o ponga una toalla arrollada o una almohada bajo su pecho. En último término sabrá jugar solo cuando esté acostado boca abajo a medida que aprenda a extender los brazos hacia delante y a hacer fuerza con ellos para levantar la cabeza.

Mi bebé no sabe estirarse. ¿Debo considerarlo un problema?

Los bebés en general aprenden a extenderse entre las ocho semanas y los tres meses, aunque existe una variación considerable por lo que respecta a cuándo el bebé es capaz de hacerlo. Para ayudar a su bebé a aprender a estirarse, pruebe los ejercicios del capítulo 1 «Acunar al bebé», «Cara a cara» y «Me estiro hacia delante y toco a papá/mamá». Además, para animarlo a estirarse, cuelgue juguetes en la sillita del niño, utilizando por ejemplo anillas de plástico.

El bebé de mi hermana juega con sus piernas siempre que está acostado boca arriba en el suelo. Mi hijo no parece levantar las piernas del suelo y siempre las tiene abiertas como las de una rana. ¿Qué puedo hacer para ayudarlo?

Existen varios trucos para afrontar este problema. En primer lugar, cuando lleve a su hijo en brazos, no mantenga sus piernas separadas. En lugar de ello cójalo en brazos de modo que sus piernas estén bien juntas. Por la noche, para dormir póngale un pijama de perneras muy anchas o una camisola más que un pelele. Y cuando le cambie el pañal, mantenga sus piernas juntas por las rodillas y haga que trate de levantar las piernas del suelo. Estas técnicas ayudarán a su bebé a experimentar la sensación de mantener las piernas juntas. Los ejercicios tambien pueden ser de ayuda. Ponga a su hijo en el suelo con una pequeña almohada debajo de la cabeza, si es necesario, y levante sus piernas bien juntas de modo que pueda tocarse fácilmente los dedos de los pies. También puede animar a su bebé a jugar con un pie cada vez, asegurándose de que flexiona bien la rodilla de la pierna que permanece en el suelo, de modo que el bebé sienta que su talón toca el suelo. Asegúrese de que la cabeza del bebé permanece bien centrada cuando juega con cada pie, y repita el ejercicio con ambas piernas.

La cuidadora de mi bebé lo deja en la sillita durante períodos muy prolongados de tiempo. ¿Es correcto?

Los bebés deben pasar como mínimo la mitad del tiempo que están despiertos en el suelo. Moviéndose por el suelo, practican la sensación de equilibrio y desarrollan el tono muscular. Un niño que pasa todo el día en una sillita para bebé no tiene oportunidad de desarrollar el tono y la fuerza muscular, y moverse libremente. Dígale a la cuidadora que limite el tiempo que el bebé permanece en la sillita a períodos más breves. Yo recomiendo un máximo de veinte minutos, tres veces al día.

Mi bebé tiene sólo cuatro meses y el pediatra considera que debo ir a ver a un fisioterapeuta. No entiendo por qué. ¿Significa esto que mi hijo padece un retraso?

Esto significa que su pediatra es un buen médico. Con frecuencia un médico experto le indicará que vaya a ver a un especialista para una evaluación del desarrollo neurológico. Por ejemplo, si un bebé de cuatro meses no es capaz de mantener la cabeza centrada, tiene dificultades para levantar la cabeza mientras está boca abajo, o para estirarse, un buen médico puede considerar que está justificada una terapia precoz. Con frecuencia, un bebé es referido para una evaluación del desarrollo neurológico sólo para asegurarse de que se está desarrollando según lo previsto. Muchos de los bebés que me han referido para una evaluación no necesitaban ninguna intervención y muchos bebés que *necesitan* una intervención se ponen al día con respecto a los bebés cuyo desarrollo es normal.

Capítulo 4

Puedo incorporarme y sentarme

¡Es realmente asombroso! Solamente unos pocos meses atrás, usted se maravillaba por toda la ropa que le habían regalado en ocasión del nacimiento de su hijo y en cambio ahora ha tenido que irse de compras apresuradamente para renovar por completo su vestuario, porque todo se le ha quedado pequeño. La razón de ello es que su hijo crece y crece como... ¡la maleza! En los primeros seis a ocho meses de vida, su bebé habrá doblado su peso y habrá crecido aproximadamente quince centímetros.

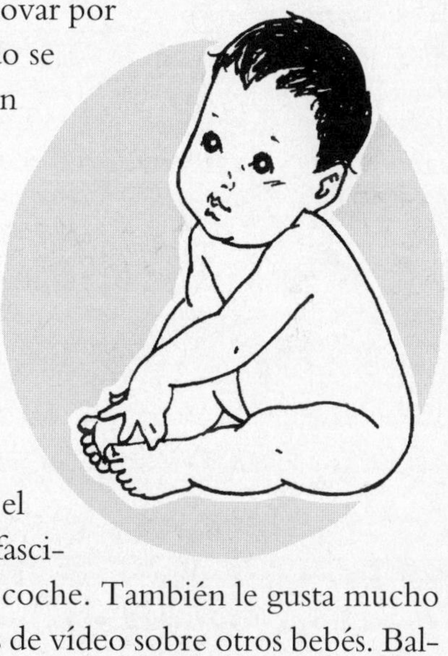

Además de ser cada día más corpulento y más robusto, su bebé siente cada vez más curiosidad por el mundo que lo rodea. Se muestra fascinado cuando lo saca a pasear en su coche. También le gusta mucho imitarla. Mira ávidamente las cintas de vídeo sobre otros bebés. Balbucea constantemente, el primer paso para que llegue a hablar. Le gusta jugar con el pelo de otras personas y disfruta cuando lo bañan, en especial cuando puede salpicarlo todo de agua a su antojo.

En este momento las manos de su hijo permanecen casi siempre abiertas, y puede mover sus dedos por separado. Está empezando a sujetar los juguetes con las manos; en realidad, los sujeta durante un segundo y después los deja caer. Pronto empezará a ponérselos en la boca. Cualquier día de estos iniciará la dentición, de modo que necesitará unas provisiones abundantes de baberos.

Al igual que su cuerpo, la mente de su bebé se está desarrollando y va cambiando. Por ejemplo, tiene una mejor comprensión de la «permanencia de objeto», es decir, sabe que las personas y los objetos existen aunque no pueda verlos. Una manera divertida de estimular esta comprensión es jugar con él a esconder cosas que después aparecen súbitamente, aunque con algunos cambios. Por ejemplo, oculte un pie de su hijo y después diga «¡cucú!», y póngalo al descubierto con un gesto. O tápele la cara y después muévase ligeramente hasta el lado izquierdo o derecho del bebé antes de que se la destape. También puede ocultar su cara detrás de los pies de su hijo. Además, cuando jueguen al «cucú, ¿está?», esconda juguetes, y también diferentes partes del cuerpo de su hijo.

También tiene otra forma de convertir un simple juego del «cucú, ¿está?» en una experiencia educativa. Cuando jueguen utilizando un muñeco, empiece escondiendo *solamente una parte* del mismo; esto permitirá que su bebé entienda gradualmente el concepto de permanencia de objeto. Asimismo, trate de esconder los objetos con una tela provista de agujeros a través de los cuales su bebé puede echar una mirada, o bien utilice papel de celofán para que su bebé pueda ver el juguete que se esconde debajo.

Su graduación con nota en el arte de incorporarse y sentarse

Otra importante habilidad que su bebé empezará a practicar es la de incorporarse. Imagínese lo fascinante que puede ser esta postura para un bebé que durante meses se ha limitado a una visión desde el nivel del suelo. Esta postura le permitirá abrirse nuevos horizontes, interactuando con el mundo que tiene a su alrededor desde una perspectiva completamente nueva.

Durante varios meses su bebé se ha ido preparando para saber sentarse. Acostado boca abajo habrá aprendido a levantar la cabeza contra la gravedad. También ha aprendido a utilizar sus brazos apoyando el peso de su cuerpo en ellos, una habilidad que necesitará más tarde para poder sentarse y acto seguido echarse, y para cogerse con los brazos cuando pierda el equilibrio.

Mediante los ejercicios de «natación» o girando en círculo cuando está boca abajo, su bebé aprende a desplazar su peso de un lado a otro, y hacia delante y hacia atrás. Ésta es una habilidad decisiva, ya que necesitará desplazar su peso para poder sentarse. De lo contrario, si mira hacia un lado o lo empujan, caerá. Y cuando se mece hacia delante y hacia atrás mientras mantiene la cabeza levantada y centrada, mejorará el control de la cabeza y la estabilidad de los hombros, que también son elementos decisivos para poder sentarse.

Por todas estas razones, es importante que ponga a su hijo acostado boca abajo durante los momentos de juego. Sin embargo, su hijo puede dar muestras de que esta postura no le gusta, ya que requiere más esfuerzo por su parte que la postura boca arriba. Empiece sólo con unos pocos minutos de juegos en posición boca abajo y gradualmente prolongue estos periodos a medida que su hijo tenga más seguridad en sí mismo. Si su bebé tiene una pataleta cuando está boca abajo, juegue con él y elógielo para que esté mejor dispuesto a hacer este esfuerzo. Pero, naturalmente, no deje dormir a su hijo acostado boca abajo. Si se duerme mientras juega, póngalo de inmediato boca arriba.

Si su hijo continúa poniéndose nervioso y llorando cuando está acostado boca abajo, provéale cierto apoyo de modo que no lo haga todo solo. Hágale jugar mientras lo tiene en su regazo o ponga una toalla arrollada bajo su pecho o bien sosténgalo mientras está en el brazo del sofá. Esto le permitirá practicar todas las habilidades importantes para jugar boca abajo al mismo tiempo que se siente seguro.

Algunos padres tratan de meter prisa a sus hijos para que aprendan a sentarse, poniéndolos en esta posición antes de que sus hijos estén preparados. Sin embargo, si trata de sentar a su hijo demasiado prematuramente, sólo conseguirá asustarlo. Si cuando el bebé se sienta observa que su espalda tiene una forma redondeada o no puede flexionar sus brazos mientras está boca abajo, tenga paciencia y bríndele más oportunidades para desarrollar del todo sus habilidades a través de los juegos mientras está boca abajo. Cuando esté preparado para sentarse, será capaz de hacerlo con orgullo y a la perfección.

Los componentes básicos para incorporarse y sentarse

Para construir una torre de cubos, es necesario poner cada cubo en su sitio. De lo contrario, la torre caería. De forma parecida, su hijo sólo se incorporará y se sentará correctamente si los diferentes componentes básicos de esta postura se han desarrollado en la secuencia correcta.

Uno de los componentes más importantes son los músculos abdominales del bebé. Unos músculos abdominales bien desarrollados proporcionan estabilidad, permiten que su hijo mantenga la espalda recta y lo ayudan a enderezarse cuando se altera su equilibrio. Los músculos abdominales de su bebé conectan la parte superior de su cuerpo con la inferior, de modo que es capaz de mantener el equilibrio desplazando su peso de un lado a otro y hacia delante y hacia atrás. Además, su bebé utilizará los músculos abdominales para mantener las piernas juntas cuando se incorpore.

Otra parte importante de la postura de sentado es el control de la cabeza. La cabeza de su bebé representa aproximadamente la mitad del peso de su cuerpo, por lo que sostenerla representa un gran esfuerzo para él. Su hijo no podrá incorporarse y sentarse sin ayuda hasta que pueda sostener la cabeza en la línea media y desplazarla hacia el centro si cae hacia delante, hacia atrás o hacia un lado.

Su bebé también ha de aprender a incorporarse de manera simétrica, con la espalda recta y el cuerpo centrado en la línea media, no inclinado hacia un lado, hacia atrás o colgando hacia delante. En estos momentos una espalda recta y bien desarrollada contribuirá a prevenir futuros problemas de las vértebras, dolor del cuello y pinzamientos de los nervios cuando su hijo esté más crecido.

Además, los brazos de su hijo desempeñan un importante papel en el aprendizaje de la postura de sentado, ya que necesita aprender a extender los brazos hacia delante o hacia los lados rápidamente si pierde el equilibrio. Esta habilidad, denominada «extensión protectora», le impedirá caer y protege su cabeza de posibles lesiones.

Algunos bebés tienen dificultades para dominar una o más de estas habilidades. Los principales obstáculos en el aprendizaje de la postura de sentado son los siguientes:

- El bebé no tiene un buen control de la cabeza.
- La espalda del bebé no está recta, sino que se curva hacia un lado, o tiene una forma redondeada.
- El bebé carece de equilibrio, y tiene miedo a caerse.
- El bebé cae porque no puede extender los brazos para cogerse.

Los ejercicios de este capítulo abordan todos estos problemas y hacen trabajar cada uno de los componentes básicos para que su hijo pueda llegar a incorporarse y sentarse con éxito. Asegúrese de empezar con los dos primeros ejercicios previos a la postura de sentado. Algunos bebés serán capaces de llevar a cabo estos ejercicios rápidamente mientras que otros necesitarán un poco más de práctica.

HABILIDADES DEL BEBÉ PARA EMPEZAR

Antes de empezar con los ejercicios de este capítulo, ha de estar del todo segura de que su hijo tiene las habilidades siguientes:

- Puedo sostener la cabeza levantada o mantenerla centrada, y estirarme para coger un juguete sin mover la cabeza.
- Puedo juntar las manos.
- Acostado de lado, puedo darme la vuelta hasta quedar acostado boca abajo, y puedo extender los brazos hacia delante.
- Mientras estoy acostado boca abajo, puedo levantar la cabeza bien recta, sostener el peso de mi cuerpo con los brazos extendidos y girar en círculo, en dirección de las agujas del reloj o en dirección contraria.
- Cuando estoy acostado boca abajo puedo levantar las piernas y tocarme las rodillas o los dedos de los pies.

Si su bebé todavía no ha llegado a dominar estas habilidades, los ejercicios del capítulo previo le servirán de preparación, de modo que su aprendizaje para incorporarse y sentarse sin ayuda sea satisfactorio.

Ejercicios

El padre o la madre como parque de juegos

HABILIDADES QUE DESARROLLA

- Sentirse más cómodo cuando está boca abajo.
- Mantener la cabeza levantada al mismo tiempo que apoya el peso de su cuerpo en los antebrazos.
- Desarrollar la extensión de la espalda necesaria para incorporarse y sentarse sin ayuda.
- Desarrollar una estabilidad de los hombros.
- Utilizar los brazos para protegerse frente a las caídas.

MATERIAL

- Cualquier juguete que emita un sonido o con movimiento.

EJERCICIO

- Siéntese en un sofá o en el suelo. Ponga a su bebé boca abajo, en su regazo. Asegúrese de que sus brazos están extendidos hacia delante y que apoya el peso del cuerpo en sus antebrazos. Colóquelo de modo que su cuerpo permanezca en una línea recta, con las piernas bien juntas. Al mismo tiempo, usted debe mantener sus piernas muy juntas de modo que su hijo no pueda caer entre ambas.
- Anime a su bebé a mirar el juguete y a jugar con él en esta postura durante tres a cinco minutos.
- A medida que su bebé sostenga cada vez mejor la cabeza levantada y la espalda recta, disminuya gradualmente el ángulo.

El padre o la madre como silla

HABILIDADES QUE DESARROLLA

- Aumentar la fuerza de los músculos abdominales.
- Sentarse con la espalda bien recta.
- Desplazar el peso de un lado a otro.
- Utilizar los brazos para protegerse frente a las caídas.

EJERCICIO

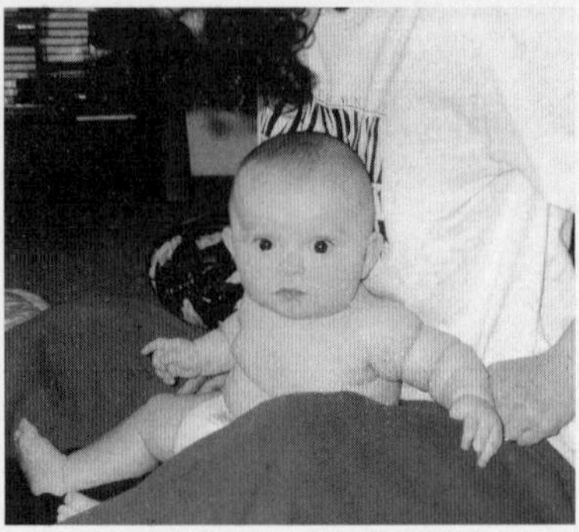

- Siéntese sobre una alfombra y sujete a su hijo firmemente contra su cuerpo, mirando hacia delante, entre sus piernas. Su espalda debe estar bien recta apoyada por su abdomen y pecho. Proporciónele soporte adicional sujetando sus piernas firmemente contra el costado de su hijo, si es necesario. Asegúrese de que las piernas del bebé están rectas y sus pies extendidos. Si su hijo cae súbitamente, presione sus hombros contra su cuerpo. Si continúa repantigado en exceso, levántele los brazos con cuidado.
- A medida que su hijo se sienta más cómodo en esta postura, desplace suavemente su peso hacia un lado meciéndolo lateralmente, lo que desplazará al bebé hacia un lado.
- Proporciónele soporte según sea necesario, de modo que su bebé se coja a sí mismo sujetando los brazos en su pierna y regresando a la postura sedente.

NOTA: si las nalgas de su bebé se deslizan hacia delante o tiene dificultades para flexionarse por las caderas, no haga este ejercicio sin consultar previamente a su médico.

Abrazo el balón

HABILIDADES QUE DESARROLLA

- Utilización de los brazos para protegerse frente a las caídas.
- Desplazar el peso hacia delante y hacia atrás.
- Practicar incorporaciones con el cuerpo bien recto y erguido.

MATERIAL

- Un balón hinchable o de trapo de unos veinticinco centímetros de diámetro.

EJERCICIO

- Siéntese sobre una alfombra, en la cama o en el sofá y ponga a su hijo frente a usted, sentado y mirando hacia delante con la espalda bien apoyada y con las rodillas separadas menos de diez centímetros.
- Proporciónele apoyo en las rodillas y piernas para que las mantenga bien rectas (las rodillas no deben mirar hacia fuera) y para que extienda los brazos hacia delante. Asegúrese de que su espalda está bien recta y coloque frente a él un balón blando.
- Anime a su bebé a extender sus brazos hacia delante, abrazando el balón y a ejercer presión contra él para aprender a mantener el equilibrio.
- Pruebe este ejercicio con balones de diferentes diámetros.

NOTA 1: si las piernas de su bebé están giradas hacia fuera, proporciónele soporte a nivel de las rodillas y gírelas con cuidado de modo que sus pies estén bien estirados.

NOTA 2: jugar con un balón de mayor tamaño le proporcionará más soporte para mantener la cabeza bien recta. A medida que sepa mantener mejor el equilibrio, utilice un balón más pequeño.

Ejercicio tonificante para el abdomen

HABILIDADES QUE DESARROLLA

- Doblar la barbilla sobre el pecho y mantener la cabeza hacia delante cuando se le inclina para evitar caer hacia atrás.
- Extender los brazos hacia delante y mantener la cabeza en la línea media cuando se le inclina hacia atrás.

EJERCICIO

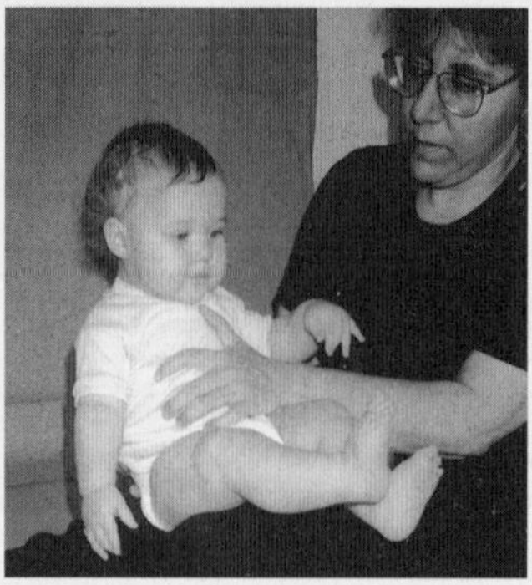

- Póngase al bebé en su regazo, mirando hacia su izquierda. Asegúrese de que sostiene la cabeza hacia delante y en la línea media, con los brazos extendidos hacia delante.
- Proporciónele soporte con sus manos, una apoyada en su espalda y otra en su abdomen, para que perciba la sensación de la contracción simultánea de los músculos de su abdomen y de su espalda. Asegúrese de que no está repantigado en exceso.
- Levante la pierna izquierda de su hijo e inclínelo MUY lentamente hacia atrás, aproximadamente tres o cuatro centímetros. Rodee el cuerpo de su hijo con sus brazos, y asegúrese de que los brazos de su bebé están extendidos hacia delante.
- Gradualmente aumente el grado de inclinación con su pierna, tanto como su hijo sea capaz de contrarrestar. Se dará cuenta de que sus rodillas se flexionan, su abdomen se tensa y su barbilla se dobla.
- Gire al bebé del otro lado y repita el ejercicio.

NOTA: si las piernas de su bebé están muy separadas, júnteselas. Si contrae las piernas o cae continuamente hacia atrás, escoja otro ejercicio y consulte a su médico. Asegúrese de que le proporciona soporte a nivel del abdomen, sin ejercer presión.

Doy una vuelta

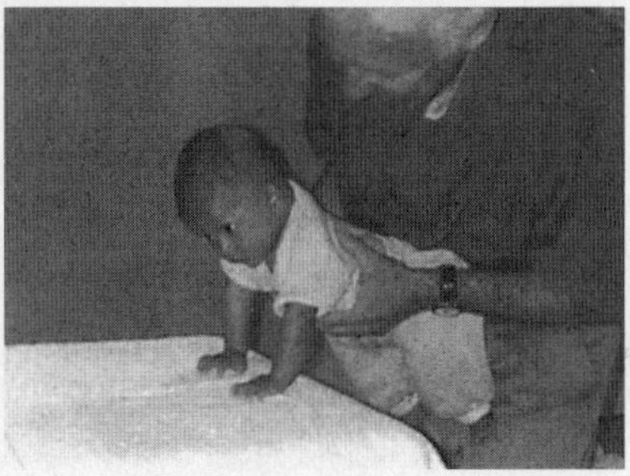

HABILIDADES QUE DESARROLLA

- Práctica de la extensión de los brazos hacia delante.
- Aprender a apoyar el peso del cuerpo en los brazos y desarrollar fuerza con los brazos y una estabilidad de los hombros.
- Desarrollar habilidades para impedir las lesiones de la cabeza.

MATERIAL

- Asegúrese de que su bebé lleva ropa mullida.

EJERCICIO

- Sujete a su hijo por debajo de sus brazos abarcando su pecho con ambas manos.
- Camine con él por casa y haga bajar con cuidado a su hijo de modo que pueda extender ambos brazos hacia delante y después póngalo en un sofá o sobre una alfombra para que practique el apoyo del peso de su cuerpo en los brazos.
- Meza con cuidado y lentamente a su hijo hacia atrás y hacia delante durante diez a treinta segundos mientras tiene los brazos apoyados sobre una superficie.
- Otro ejercicio recomendable es que su hijo empuje con las manos una puerta cerrada mientras lo sostiene en una postura más vertical.
- Tenga cuidado y trate de evitar que su hijo baje en picado o bien pueda darse un golpe en la cabeza.

A continuación se muestra una tabla de progresos que puede utilizar para seguir las habilidades motoras de su hijo. Si su hijo es un prematuro o padece un retraso del desarrollo, algunas o todas estas habilidades aparecerán más tarde de lo que se recoge en la tabla.

HABILIDADES MOTORAS DEL BEBÉ

Mes	*3,5*	*4*	*4,5*	*5*	*6*	*7*	*8*	*9*
Extiende uno o ambos brazos hasta el centro de su cuerpo mientras está acostado boca arriba; igualmente, se estira para alcanzar un juguete mientras está acostado boca abajo	👣	👣	👣	👣	👣	👣	👣	👣
Sostiene un juguete durante diez a treinta segundos			👣	👣	👣	👣	👣	👣
Puede incorporarse con la espalda recta, la cabeza en la línea media, si se le proporciona el soporte adecuado			👣	👣	👣	👣	👣	👣
Cuando pierde el equilibrio puede recuperarlo			👣	👣	👣	👣	👣	👣
Utiliza los pies para levantarse del suelo cuando está acostado de lado, boca abajo o boca arriba			👣	👣	👣	👣	👣	👣

Mes	*3,5*	*4*	*4,5*	*5*	*6*	*7*	*8*	*9*
Puede extender ambos brazos hacia delante para jugar mientras está acostado boca abajo			👣	👣	👣	👣	👣	👣
Se da la vuelta desde una postura boca abajo a una postura boca arriba y viceversa				👣	👣	👣	👣	👣
Puede levantar las piernas del suelo y jugar con los dedos de los pies mientras está acostado boca arriba				👣	👣	👣	👣	👣
Utilizando los brazos, puede cogerse a sí mismo para mantenerse sentado				👣	👣	👣	👣	👣
Juega con sus pies y se da la vuelta de un lado a otro mientras está acostado boca arriba				👣	👣	👣	👣	👣

IMPORTANTE: cada bebé se desarrolla de manera diferente. Estas habilidades pueden aparecer incluso en el último período citado en la tabla, y seguirán encontrándose dentro de los límites normales.

Puedo beber de una taza y comer con cuchara

Cuando su hijo sea capaz de sentarse, habrá llegado el momento de que aprenda a utilizar una taza y una cuchara a las horas de las comidas. A menudo los padres tienen sentimientos encontrados por lo que respecta a dar este paso, porque a todas luces es de prever que un bebé provisto de un taza y de una cuchara lo deje todo perdido de papilla. Sin embargo, los beneficios que confiere a su hijo comer con cuchara y beber de una taza superan con mucha diferencia la limpieza adicional y las lavadoras que tendrá que poner a causa de sus primeros experimentos con estos utensilios. Beber de una taza y comer con cuchara lo ayudarán a desarrollar las habilidades motoras orales que necesitará dentro de unos pocos meses para poder hablar con claridad y facilidad. Entre las habilidades que el bebé tiene que aprender son especialmente importantes las que se describen a continuación:

- Cuando utiliza sus labios para coger la comida de la cuchara, hace prácticas de juntar los labios, un acto necesario para producir los sonidos «m», «b» y «p». Mantener los labios bien juntos también lo prepara para tener la boca cerrada cuando más tarde empiece a masticar los alimentos sólidos.
- Cuando bebe de una taza, perfecciona los movimientos de sus labios y lengua como preparación para pronunciar palabras.
- Cuando se introduce en la boca la comida de la cuchara, mueve la lengua por detrás de sus dientes, una habilidad que necesitará para emitir los sonidos «s» y «d», y combinaciones de sonidos.
- Tragar alimentos sólidos y alimentos con consistencia le enseñará a masticar con la boca cerrada, a desarrollar la fuerza y estabilidad de la mandíbula, y le ayudará a evitar el babeo.

En pocas palabras, para su hijo las tazas y las cucharas no sólo son utensilios para comer sino que también son educativos. Así que tenga a mano todos los baberos y tómese con calma la suciedad y el desaliño que generan los experimentos de su hijo a las horas de las comidas, ¡y recuerde que es por una buena causa!

EJERCICIOS

Aprendo a lamerme los labios

HABILIDADES QUE DESARROLLA

- Juntar los labios.
- Descenso del labio superior y unión de ambos labios, como preparación para el habla.
- Estabilidad de la mandíbula y mejora del tono motor oral, que ayudará a su bebé a pronunciar los sonidos que requieren la unión de los labios como «m», «p» y «b».

EJERCICIO

- Póngase al bebé en el regazo en una postura de sentado o siéntelo en su sillita. Asegúrese de que su espalda está bien derecha y de que su cabeza está alineada con su cuerpo, al mismo tiempo que la sostiene por delante de su cuerpo.

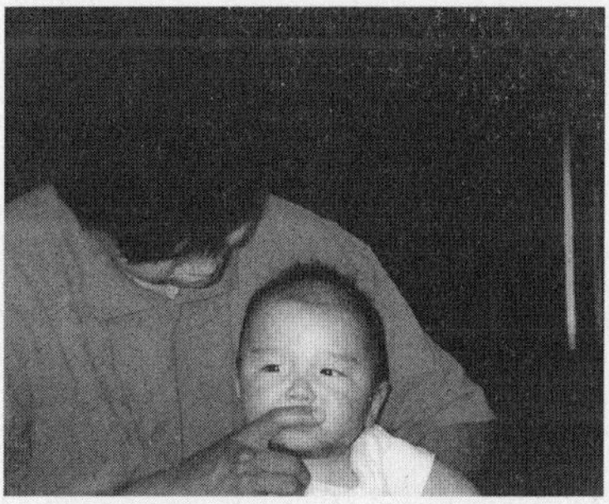

- Utilice su dedo índice para hacer bajar con cuidado el labio superior del bebé de modo que junte ambos labios. Proporciónele soporte en la mandíbula inferior y en los labios según sea necesario para que mantenga la boca cerrada.
- Relámase los labios y anime a su bebé a imitarla. Déle tiempo para responder y, si es necesario, «déle pie a hacerlo» dándole un golpecito en su labio superior.

Como con cuchara

HABILIDADES QUE DESARROLLA

- Mejorar la coordinación de la lengua, los labios y la boca, como preparación para empezar a hablar.
- Utilizar el labio superior para coger la comida de la cuchara e introducirla en la boca.
- Juntar los labios para pronunciar los sonidos «m», «b» y «p».

MATERIAL

- Una cuchara especial para bebé.

EJERCICIO

- Utilice una cuchara especial para bebé y no una cucharita corriente. Una cuchara más pequeña permite al bebé cerrar por completo los labios alrededor de la cuchara.
- Ponga la cuchara bien llena en el labio inferior de su hijo.
- Espere hasta que el bebé utilice el labio superior para ponerse la comida en la boca antes que restregar la cuchara en su paladar.

NOTA 1: cuando esté comiendo, la cabeza de su hijo siempre debe adelantarse a su cuerpo para evitar los atragantamientos. Conviene que le dé de comer en una silla para bebé o en una silla alta o una trona.

NOTA 2: mientras su hijo come alimentos sólidos, asegúrese de que cierra la boca después de cada bocado. Si es necesario, utilice su dedo índice para hacerle bajar el labio superior. Además puede utilizar otro dedo como apoyo de la mandíbula inferior de modo que lo ayude a cerrar la boca.

Bebo de una taza

HABILIDADES QUE DESARROLLA

- Utilizar los labios para comer y tragar.
- Controlar el flujo de líquido utilizando el labio superior.
- Juntar los labios.
- Tragar y respirar con la boca cerrada.

MATERIAL

- Una pequeña taza de plástico blando que contenga un líquido espesado (lo ideal sería una fórmula comercial para bebé o leche materna mezclada con cereales; debe tener la consistencia del suero de la leche).

EJERCICIO

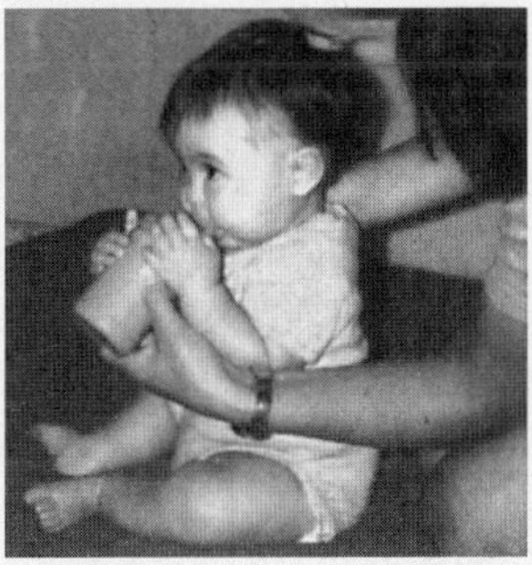

- Póngase al bebé sentado en su regazo, o siéntelo en una sillita para bebé o en una silla alta. Asegúrese de que su cabeza está centrada, bien derecha y siempre adelantada a su cuerpo. Con una mano, estabilice su cabeza y manténgala adelantada a su cuerpo.
- Con la otra mano, ponga la taza en el labio inferior de su hijo y deje que fluya lentamente hasta su boca una *pequeña* cantidad de líquido (media cucharadita).
- Sáquele la taza de la boca y anime a su bebé a juntar los labios. Con cuidado, presione su labio superior para hacerlo bajar si es necesario y anímelo a tragar con la boca cerrada.
- Repita el ejercicio.

NOTA 1: no haga este ejercicio si su bebé se atraganta o padece cualquier tipo de congestión o está resfriado.

NOTA 2: si su bebé recibe alimentación por sonda, ha de consultar a su pediatra antes de iniciar la alimentación oral.

Higiene bucal del bebé

Si no desea pasar los próximos cuatro o cinco años luchando con su hijo para que se cepille los dientes, es una buena idea que lo acostumbre desde este momento a una correcta higiene bucal que incluya el cuidado de sus encías.

HABILIDADES QUE DESARROLLA

- Explorar la consistencia y los procesos en la boca como preparación para comer alimentos sólidos.
- Desensibilización al tacto de las encías y boca, como preparación para el cepillado de dientes y una higiene dental adecuada durante toda la vida.

MATERIAL

- Para el ejercicio I, no es necesario ningún material.
- Para el ejercicio II: cepillo de dientes para bebé que se desliza sobre el dedo del padre/madre.

EJERCICIO I: CEPILLADO GINGIVAL

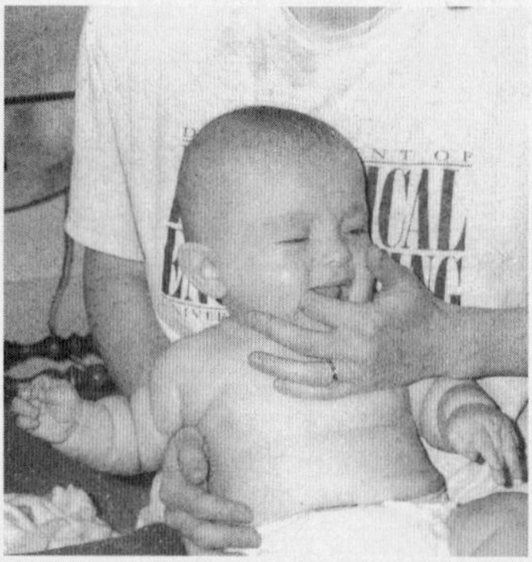

- Ponga al bebé en una sillita con la cabeza en la línea media.
- Con cuidado, ejerza presión sobre la línea gingival externa del bebé utilizando su dedo.
- Empiece por el centro de la encía inferior del bebé y mueva lentamente el dedo a lo largo del borde derecho de la línea gingival. Anime al bebé a cerrar la mandíbula y a tragar.
- Haga este ejercicio a cada lado por separado, **sin pasar por el centro de la boca del bebé**.
- Repita el ejercicio, alternando las encías superior e inferior.

EJERCICIO II: EL PRIMER CEPILLADO DE DIENTES DEL BEBÉ

- Ponga el cepillo de dientes sobre su dedo índice. Asegúrese de que el cepillo está bien sujeto a su dedo, para impedir que se desprenda y pueda asfixiar al bebé. Haga masajes suaves y lentos en las encías del bebé desde el centro hasta la parte lateral.
- Haga este ejercicio tres veces de cada lado, animando al bebé a cerrar la boca mientras usted «cepilla». Asegúrese de que la cabeza del bebé permanece en la línea media.

NOTA 1: asegúrese de que la cabeza y el cuello del bebé están adelantados a su cuerpo para prevenir el atragantamiento y las náuseas.

NOTA 2: si le parece que este ejercicio disgusta a su hijo, hágalo solamente con el dedo o utilice una manopla de felpa tibia.

A continuación se muestra una tabla de progresos que puede utilizar como seguimiento de las habilidades motoras de alimentación de su hijo. Si su hijo es un prematuro o padece un retraso del desarrollo, algunas o todas estas habilidades aparecerán más tarde de lo que se recoge en la tabla.

HABILIDADES DE ALIMENTACIÓN DEL BEBÉ

Mes	*2,5*	*3*	*3,5*	*4*	*4,5*	*5*	*5,5*	*6*	*6,5*	*7*
Anticipa las horas de las comidas	🍼	🍼	🍼	🍼	🍼	🍼	🍼	🍼	🍼	🍼
Se lame los labios		🍼	🍼	🍼	🍼	🍼	🍼	🍼	🍼	🍼
Succiona sus mejillas para pronunciar la «o»			🍼	🍼	🍼	🍼	🍼	🍼	🍼	🍼
Coge la comida de la cuchara utilizando el labio superior				🍼	🍼	🍼	🍼	🍼	🍼	🍼
Si papá, mamá o la persona que lo cuida le saca la lengua, los imita					🍼	🍼	🍼	🍼	🍼	🍼
Hace chasquidos con la lengua						🍼	🍼	🍼	🍼	🍼
Bebe de una taza provista de pitorro con ayuda						🍼	🍼	🍼	🍼	🍼

IMPORTANTE: cada bebé se desarrolla de forma diferente. Estas habilidades pueden aparecer incluso en el último período citado en la tabla, y seguirán encontrándose dentro de los límites normales.

Aprendizaje y juegos

Si está pensando en comprar un andador a su bebé o una de estas sillitas con movimiento, ¡más vale que se ahorre el dinero! ¿Por qué? La razón de ello es que en realidad estos dos populares artículos para bebé pueden resultar más perjudiciales que beneficiosos.

Los andadores y sillitas con movimiento pueden provocar un anquilosamiento de las piernas del bebé, e impedir que desarrolle un control adecuado de la cabeza, los brazos y el abdomen que necesitará para saber sentarse y luego andar correctamente. Además de interferir con el desarrollo normal, los andadores son muy poco seguros y en ocasiones pueden provocar fracturas vertebrales, luxaciones de la cadera y traumatismos craneales. Una alternativa mucho mejor a los andadores es un andador estático en el que el niño se mueve pero no puede andar. Sin embargo, si su bebé sigue pareciendo excesivamente rígido cuando permanece en él, cae hacia un lado o no puede mantener la cabeza levantada, no lo utilice.

En realidad, no necesita *ningún* artículo especial, porque simplemente los movimientos por el suelo constituyen el mejor ejercicio para todos los bebés. Durante los juegos en el suelo, el bebé puede explorar los conceptos espaciales como dentro/fuera, arriba/abajo, la percepción de la profundidad y la posición en el espacio sin preocuparse de las caídas.

A esta edad, los mejores juguetes para el bebé incluyen los que puede manipular, por ejemplo, las esponjas blandas de gran tamaño y los bloques o piezas de construcción que puede coger, estrujar y apilar. Los juguetes musicales, como las campanitas y las maracas, son muy entretenidos y pueden ayudarlo a desarrollar las habilidades auditivas. Esconda una campanita debajo de una manta, sacúdala y pregunte a su hijo «¿Dónde está la campanita?». Espere a que su hijo mire en esa dirección, y después sacúdala de nuevo. Este juego enseña a su hijo la «localización auditiva», un término muy complejo que hace referencia a la capacidad para imaginarse de dónde viene un sonido.

Seleccione pequeños juguetes cuyo diámetro no sea mayor de seis a diez centímetros, que su hijo puede coger con facilidad. Las peonzas, uno de los juegos preferidos de los bebés a esta edad, mejorarán la destreza manual de su hijo y lo ayudarán a saber mantener la atención. Anime a su bebé a jugar durante unos cinco minutos y déle cada día tres libros y tres juguetes para jugar. A esta edad, un bebé no necesita juguetes muy sofisticados. Son mejores los juguetes muy simples que puede explorar de arriba abajo.

Lea a su hijo cada día, aunque sólo sean unos minutos. El tiempo de lectura es un momento relajado para los dos, y puede utilizar los libros para enseñar a su hijo conceptos importantes. Por ejemplo, puede demostrarle el concepto de «permanencia de objeto» tapando los dibujos de los libros y después poniéndolos al descubierto. Los libros con botones que al pulsarlos tocan música o emiten sonidos que imitan las voces de distintos animales lo ayudarán a comprender la relación causa-efecto, en otras palabras, aprenderá que «puede hacer que ocurran cosas». Y la lectura puede ayudarlo a saber «señalar con los ojos», es decir, a dirigir su mirada hacia objetos específicos ilustrados en los libros.

A esta edad, su bebé lo pasa muy bien interactuando con usted mientras le lee. Puede ayudarlo a pasar las páginas y usted y él pueden turnarse para tocar los dibujos o pulsar los botones de los libros musicales. A partir de ahora, su bebé puede prestar atención a la lectura de un libro durante cinco a diez minutos y empezar a recordar las partes preferidas de los libros, deseando que llegue el momento de leerlos.

Los mejores libros para esta edad

- Libros con fotografías y objetos realistas.
- Libros con partes que el bebé pueda mover (por ejemplo, un conejo metido en una ranura del libro, puertas que se abren).
- Libros con botones que al pulsarlos tocan música o emiten las voces de los animales (por ejemplo, el mugido de una vaca).
- Libros con un animal o un juguete fijado con una cinta.
- Libros con objetos que emiten ruidos.
- Libros con objetos escondidos que aparecen inesperadamente al abrirlos.
- Libros con objetos incrustados.
- Libros de pequeño tamaño (diez centímetros) que el bebé pueda sujetar con facilidad.
- Libros sobre objetos familiares y sobre bebés, un bebé en una sillita para automóvil, un bebé tomándose un biberón o un bebé tomando un baño.
- Libros que representen a mamá o papá y al bebé juntos.

JUGUETES/MATERIAL

Andador estático

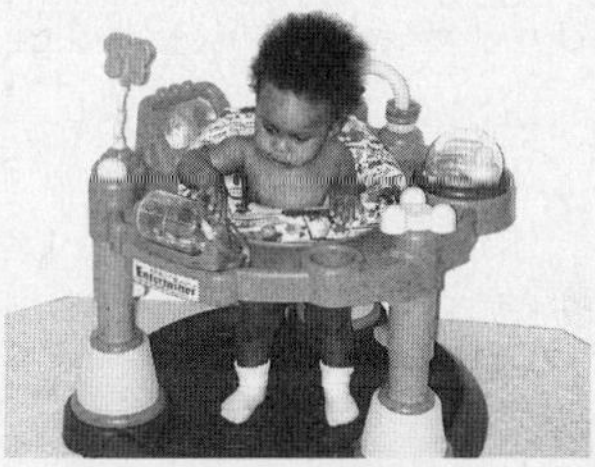

Habilidades

1. Permite a su hijo sentarse y moverse sin ayuda fomentando la autonomía y la seguridad en sí mismo.
2. Permite que su hijo explore su posición en el espacio, haga girar, flexione, y estire las piernas.
3. Lo ayuda a mantener el equilibrio y le enseña la coordinación óculo-manual.

4. Le enseña la separación del movimiento entre las extremidades superiores y las inferiores.

Cajita con un muñeco con resorte que sale inesperadamente cuando se le da cuerda

Habilidades

1. Le enseña a seguir adelante, a mantener la atención y la repetición.
2. Le enseña a retrasar la gratificación.
3. Mejora la destreza manual y la función de las manos.
4. Le enseña el concepto de orientación espacial: dentro/fuera, a través, al lado, entre, arriba/abajo.
5. Mejora las habilidades de planificación motora.

Libro de «tócame»

Habilidades

1. Estimula el sentido del tacto.
2. Desarrolla las habilidades de memoria auditiva y enseña a su hijo a seguir instrucciones.
3. Enseña a su hijo vocabulario y la comprensión del lenguaje.
4. Mejora la coordinación motora fina.

Juegos de construcciones compuestos de esponjas con dibujos de muñecos y animales

Habilidades

1. Mejoran la coordinación motora fina.
2. Ayudan a su hijo a explorar los conceptos espaciales: altura, profundidad, relaciones espaciales/apilar.

3. Mejoran la capacidad del bebé para sujetar y soltar objetos.
4. Enseñan al bebé la discriminación visual: tamaño y forma.

El bebé en una cesta

HABILIDADES QUE DESARROLLA

- Aprender a sentarse sin ayuda y sin peligro.
- Mantener el equilibrio y desplazar el peso de un lado a otro, con soporte.
- Jugar solo mientras está sentado.

MATERIAL

- Una cesta para la ropa, de plástico flexible, *provista de agujeros.*
- Juguetes blandos y una manta fina (si es necesario).
- Tiras de velcro para fijar los juguetes a la cesta.

EJERCICIO

- Ponga al bebé en la cesta de la ropa y deje que juegue cómodamente sentado. Recubra la cesta con una manta de algodón, para que se sienta más cómodo.
- Muy lentamente y con cuidado levante unos cinco a ocho centímetros la cesta de la ropa de modo que se incline hacia un lado; mientras, diga al bebé: «inclínate». Su bebé debe desplazar el peso de su cuerpo hasta el otro lado, para no caerse.

- Explore de manera progresiva las inclinaciones hacia delante y hacia atrás en incrementos muy pequeños.

- Si su bebé se muestra asustado o se pone rígido, pruebe este ejercicio poniendo la cesta en su regazo.

NOTA: mientras su hijo permanezca en la cesta, no lo deje solo ni un momento. Asegúrese de que su bebé no saca los dedos por los agujeros de la cesta. Cuelgue o fije juguetes a la cesta o ponga varios juguetes blandos en su interior.

A continuación se muestra una tabla de progresos que puede utilizar como seguimiento de las habilidades de aprendizaje de su bebé. Si su bebé es un prematuro o padece un retraso del desarrollo, algunas o todas estas habilidades aparecerán más tarde de lo que se recoge en la tabla.

HABILIDADES DE APRENDIZAJE DEL BEBÉ

Mes	*5*	*5,5*	*6*	*6,5*	*7*	*8*	*9*
Utiliza ambas manos al mismo tiempo	👣	👣	👣	👣	👣	👣	👣
Sujeta un juguete con una mano y utiliza la otra mano para que emita ruidos	👣	👣	👣	👣	👣	👣	👣
Se introduce objetos en la boca	👣	👣	👣	👣	👣	👣	
Señala los objetos	👣	👣	👣	👣	👣	👣	👣
Sacude un cascabel o una campanita	👣	👣	👣	👣	👣	👣	👣
Se pasa los objetos de una mano a la otra	👣	👣	👣	👣	👣	👣	👣
Da golpes a objetos o muñecos colgados de cinco a diez veces	👣	👣	👣	👣	👣	👣	👣
Cuando un adulto se lo demuestra, se lame los labios, da palmadas y saca la lengua	👣	👣	👣	👣	👣	👣	👣
Toca las páginas de un libro	👣	👣	👣	👣	👣	👣	👣
Responde a los objetos de gran tamaño en libros con ilustraciones mirándolos (señalándolos con los ojos)	👣	👣	👣	👣	👣	👣	👣
Hace rodar un balón o lo empuja	👣	👣	👣	👣	👣	👣	👣
Disfruta derribando bloques de construcción o tazas apiladas	👣	👣	👣	👣	👣	👣	👣
Intenta girar las páginas de un libro		👣	👣	👣	👣	👣	👣

IMPORTANTE: cada bebé se desarrolla de manera diferente. Estas habilidades pueden aparecer incluso en el último período citado en la tabla, y seguirán encontrándose dentro de los límites normales.

Logros del bebé

Después de haber completado satisfactoriamente los ejercicios descritos en este capítulo, su bebé habrá adquirido las habilidades siguientes:

- Puedo permanecer sentado con la cabeza centrada, con los brazos extendidos hacia delante, las piernas y la espalda muy rectas y los pies estirados.
- Puedo estirarme fácilmente hasta cualquiera de ambos lados y cruzar la línea media de mi cuerpo para coger un objeto.
- Puedo estirar rápida y consistentemente mis brazos hacia delante y hacia los lados para proteger mi cabeza, si caigo hacia delante o hacia un lado.
- Cuando pierdo el equilibrio, puedo enderezarme sin caer, desplazando mi peso hacia los lados, hacia delante o ligeramente hacia atrás.

«¿PUEDE DECIRME POR QUÉ...?»
Respuestas a las preguntas que con frecuencia plantean los padres

Si pongo a mi bebé en un andador a esta edad, ¿andará antes?

No, un andador no contribuirá a un desarrollo más precoz del encajamiento de la cadera, un requisito esencial para poder andar. La razón de ello es que el asiento del andador sostiene la mayor parte del peso del bebé. Además, en un andador o en una sillita con movimiento, el bebé se sienta pero sin una alineación de su cuerpo, por lo que mantiene la columna vertebral, la espalda o los pies curvados de una manera no natural. Es mucho mejor que juegue en el suelo.

A mi bebé no le gusta estar acostado boca abajo en el suelo. ¿Puedo omitir la postura boca abajo?

Los ejercicios en el suelo en una postura boca abajo ayudan a su bebé a desplazar el peso de su cuerpo sin ningún riesgo y le enseñan a contraer simultáneamente los músculos del cuello, la espalda, cadera y piernas de modo que pueda levantarse contra la gravedad. Todas estas habilidades son muy importantes para que pueda gatear y andar, por lo que es necesario que su hijo aprenda a moverse boca abajo. Haga que esta postura le resulte más entretenida. Para ello ponga un juguete musical delante del bebé para que lo pase bien y se entretenga mientras está boca abajo o póngaselo en el regazo y léale un cuento.

Mi bebé no se sienta con las piernas rectas. ¿Es un problema?

Probablemente su bebé se sienta en una postura de «anillo» o de «W», es decir, muslos en flexión y rotación interna y piernas flexionadas unos noventa grados. Casi todos los bebés se sientan ocasionalmente en estas dos posturas. Sin embargo, los bebés que *siempre* se sientan en una postura de W o de anillo requieren ayuda para aprender a sentarse en otras posturas. De lo contrario, presentarán un retraso para gatear y andar. Una vez más, la palabra clave es **siempre**.

Si su bebé **sólo** se sienta en una de estas posturas, consulte a su pediatra. También debe consultarle si su bebé está muy rígido a esta edad o mantiene constantemente los dedos de los pies extendidos.

Ayude a su bebé a aprender a sentarse con las piernas juntas sentándose detrás de él y manteniendo sus piernas juntas mientras juega con él.

Cuando le toco los pies, normalmente mi bebé extiende el dedo gordo hacia fuera. ¿Es normal?

Durante los primeros meses de vida algunos bebés extienden los dedos gordos de los pies, separándolos del resto de los dedos. Este reflejo se denomina signo de Babinski. Este reflejo del pie normalmente debe haber desaparecido a los cuatro meses, pero es normal hasta esta edad e incluso hasta los doce meses.

Algunos niños tienen unos pies muy sensibles y contraerán o extenderán sus dedos gordos como respuesta a una presión ejercida sobre sus pies. Si su bebé tiene los pies muy sensibles, evite hacerlo. Cuando permanece de pie con apoyo trate de que mantenga bien estirados los pies en el suelo.

Mi bebé sólo se sienta en el sofá o cuando puede apoyarse en varias almohadas. No sabe sentarse sin ayuda. ¿Qué debo hacer?

Su bebé necesita practicar la llamada «extensión protectora», es decir, cogerse con los brazos si nota que va a caerse. También puede ayudarle a adquirir más estabilidad practicando los ejercicios «El padre o la madre como silla» y «Doy una vuelta», descritos en este capítulo.

Quiero comprar a mi hijo una trona o una silla alta. ¿Qué edad debe tener un bebé para sentarse sin el peligro de caerse de una silla alta?

En realidad, no es una cuestión de edad. Su bebé estará preparado para sentarse en una silla alta cuando los músculos de su espalda sean lo suficientemente robustos como para que pueda sentarse bien derecho. Haga la siguiente prueba: cuando su bebé está acostado boca abajo en el suelo, ¿puede flexionarse con los brazos extendidos? Si es así, ha llegado el momento de ponerlo en una silla alta.

Mi bebé sigue tratando de sentarse hacia delante cuando lo pongo en la silla para bebé o en su sillita para automóvil, pero no parece estar nada cómodo. Antes lo pasaba muy bien en su silla pero ahora refunfuña cada vez que lo pongo en ella. ¿Qué es lo que ocurre?

Simplemente su bebé está tratando de expresar que ya está preparado para sentarse más recto. Ha aprendido a hacer fuerza contra la gravedad y desea sentarse bien derecho de modo que ajuste su silla para bebé para que no esté tan inclinado hacia atrás. Además, muchos bebés, en especial los niños, prefieren el movimiento más que estar sentados inmóviles. Si su bebé es muy activo, deje que pase más tiempo en el suelo o en un andador estático.

Capítulo 5

Puedo gatear

En la vida de su bebé está a punto de ocurrir un acontecimiento revolucionario. Hasta ahora, su hijo ha dependido enteramente de usted. Si usted lo dejaba en la cocina, no le quedaba más remedio que permanecer en ella. Si usted lo ponía en su sillita en un aburrido lugar de la sala de estar, no podía moverse de allí.

Ahora, el bebé está a punto de desquitarse. Dentro de pocas semanas, su bebé aprenderá a gatear, y su vida nunca más será la misma. Está a punto de empezar a moverse por todas partes y de tocar todo lo que encuentre en su camino. Si le quita la vista de encima durante unos pocos segundos, cuando vuelva a mirarlo, muy probablemente su hijo ya habrá llegado gateando hasta otra habitación, ¡o quizás incluso habrá dado la vuelta a toda la casa!

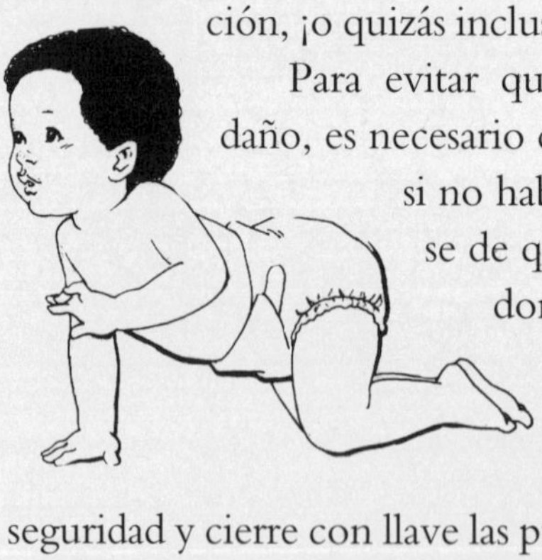

Para evitar que su pequeño explorador se haga daño, es necesario que su casa esté «a prueba de niños», si no había tomado medidas antes. Asegúrese de que están fuera de su alcance los cordones de persianas y cortinas para que el bebé no pueda estrangularse con ellos. Cubra todos los enchufes con tapas u otros dispositivos de seguridad y cierre con llave las puertas de los armarios. No guarde las sustancias tóxicas como detergentes, insecticidas, maquillaje, etcétera, en armarios que estén al alcance de su hijo, y asegúrese de que las plantas que decoran su casa están fuera del alcance del niño y de que no son tóxicas. También debe prestar atención cuando coma o beba junto a su hijo porque a esta edad el bebé se apoderará de cualquier cosa que vea en platos y tazas y se la llevará a la boca. ¡Si supiera la cantidad de historias terroríficas que me han contado sobre tazas de café caliente dejadas al alcance de bebés con una curiosidad sin límites! A esta edad, cuando lleve a su bebé en brazos sea precavido si en la otra mano lleva un vaso o plato, ya que muy posiblemente su hijo se apoderará de él, y puede derramarse encima su contenido.

Recuerde que en este estadio el objetivo de su bebé es muy simple: moverse, moverse y moverse. Incluso si todavía no ha empezado a gatear, ya no se contenta con permanecer sentado o acostado plácidamente boca abajo en el suelo, mirando el mundo que lo rodea. A esta edad su hijo necesita frecuentes cambios de postura y de escenario. Una forma de satisfacer su curiosidad sin que corra ningún peligro y al mismo tiempo usted no se vuelva loca es crear un circuito de ejercicios para el bebé. Monte una hamaca, un andador estático y establezca un área de juegos, y vaya alternando los momentos que su hijo permanece en la hamaca, en el andador o acostado en el suelo, jugando. De este modo, su hijo desarrollará sus músculos y aprenderá habilidades como la percepción de la profundidad y las relaciones espaciales (dentro/fuera, arriba/abajo, bajo/alto) y usted por lo menos gozará de unos momentos de paz y tranquilidad.

Mientras su hijo está perfeccionando sus habilidades motoras, usted deseará que perfeccione otra habilidad: la de esquivar los golpes. La razón de ello es que su bebé está explorando el movimiento en el espacio y la relación causa-efecto utilizando la simple técnica «científica» de tirar cada juguete u objeto de la casa que coge con las manos. Este estadio representa todo un reto para los padres, pero para el bebé es muy educativo. Aunque le cueste creerlo, las habilidades que está aprendiendo en este momento pueden resultarle muy útiles algún día si llega a ser arquitecto, ingeniero, diseñador o inventor.

¡Ha llegado el momento de gatear!

Probablemente su hijo está deseoso de gatear, y esto es bueno porque gatear es uno de los hitos más importantes en su desarrollo físico e intelectual. El acto de gatear enseña al lado izquierdo y derecho de su cerebro (es decir, el hemisferio izquierdo y el hemisferio derecho) a trabajar simultáneamente, mejorando sus habilidades intelectuales e integrando sus sentidos.

Gatear también contribuye a desarrollar la fuerza y la coordinación motora fina en las muñecas y dedos de las manos del bebé, preparándolo para otras habilidades que adquirirá más tarde, como vestirse, abrir y cerrar cremalleras, abrochar y desabrochar botones, pintar, escribir, cepillarse los dientes y sostener un tenedor y un cuchillo. Por otra parte, gatear contribuye a fortalecer los músculos de sus hombros, brazos y tercio superior del cuerpo, y lo ayuda a perfeccionar la «extensión protectora», la reacción gracias a la cual extiende sus brazos para cogerse si cae, protegiendo su cabeza de posibles golpes.

El acto de gatear mejora el equilibrio y la coordinación del bebé, y lo ayuda a saber utilizar ambas piernas al mismo tiempo, enseñándole unos buenos patrones motores que necesitará para poder andar. El gateamiento es especialmente importante para los bebés con más fuerza en un lado del cuerpo que en el otro, ya que les enseña a utilizar por igual ambos lados del cuerpo. Para los bebés con bajo tono muscular (hipotonía), gatear contribuye a desarrollar fuerza y estabilidad en los hombros y en las caderas.

Muchos bebés están deseosos de gatear, pero algunos, por ejemplo los bebés muy corpulentos, pueden necesitar muchas horas de práctica. En realidad, algunos bebés nunca aprenden a gatear sin ayuda, sino que, en lugar de ello, utilizan sus nalgas para desplazarse a toda velocidad, o dan vueltas o avanzan lentamente tumbados boca arriba. Si su hijo no ha empezado a gatear cuando tenga nueve o diez meses, un fisioterapeuta puede enseñarle ejercicios que lo ayudarán a ponerse al día. Esto es muy importante porque un bebé que omite el gateamiento, como consecuencia puede tener problemas más tarde. Por ejemplo, muchos niños que tiene problemas en el jardín de infancia han gateado muy tarde o han omitido por completo el estadio de gatear.

Los ejercicios que se describen en este capítulo prestan atención a muchas de las habilidades necesarias para que su hijo gatee a la perfección. En especial, varios ejercicios trabajan los movimientos de rodamiento corporal, un componente muy importante en el aprendizaje de gatear. Cuando su hijo se da la vuelta, cruza la línea media, extendiéndose de un lado de su cuerpo al lado contrario. Esta actividad hace que trabajen al mismo tiempo ambos hemisferios del cerebro, desarrollándose nuevas vías cerebrales que mejorarán las habilidades sensitivomotoras y cognitivas del bebé.

Habilidades que desarrolla la acción de gatear

- Los bebés que gatean aprenden a desplazar su peso sobre sus hombros, desarrollando la estabilidad de los hombros necesaria para que escriban bien.
- El gateamiento integra los dos hemisferios del cerebro y esta integración es necesaria para un gran número de habilidades mentales, incluyendo la distinción de las letras, la lectura y la ortografía.
- El gateamiento enseña a su bebé a flexionar un lado del cuerpo mientras endereza el otro. Esto mejora las habilidades que necesitará para los juegos, la gimnasia y los deportes.
- El acto de gatear enseña a su hijo a integrar al mismo tiempo la información procedente de sus sentidos, una habilidad que es necesaria para el aprendizaje en general.
- El gateamiento integra el sistema sensorial del bebé, lo que proporciona al cerebro la información procedente de

los sentidos, e integra su sistema motor, lo que estimula el movimiento.

El gateamiento enseña a su hijo a mantener sus piernas juntas y estabiliza sus caderas, lo que le proporcionará una «base» estable cuando ande.

¿Su hijo está preparado para gatear?

Cuando su hijo pueda sentarse con la espalda bien recta, pueda darse la vuelta, desplazar su peso de un lado a otro cuando esté sentado, adelantar sus brazos a su cuerpo y ejercer presión sobre su abdomen utilizando los músculos abdominales, habrá adquirido las habilidades que son un requisito para gatear. *Asegúrese de que su hijo ha adquirido estas habilidades antes de empeñarse en que gatee.* Gatear *precozmente* no es importante, pero gatear *correctamente* es esencial.

Es muy importante que su hijo no se salte el estadio de gatear, de modo que estimule al bebé para que gatee aun cuando ya empiece a incorporarse para ponerse de pie.

HABILIDADES DEL BEBÉ PARA EMPEZAR

Antes de iniciar los ejercicios descritos en este capítulo, es necesario que se asegure de que el bebé ha adquirido las habilidades siguientes:

- Tengo fuerza en los músculos del cuello y la espalda y puedo sostener muy bien la cabeza levantada, y me gusta estirar mis manos hacia mamá cuando me lleva en brazos.
- Puedo darme la vuelta con la barbilla sobre el pecho y doblando la rodilla al mismo tiempo que extiendo mis brazos hacia delante en lugar de rodar como un tronco.
- Mientras estoy acostado boca arriba, puedo doblar mis rodillas y tocar con mis rodillas o mis pies el lado izquierdo o el derecho.
- Mi equilibrio ha mejorado mucho. Cuando pierdo el equilibrio, extiendo mi brazo para proteger mi cabeza y de este modo evito caerme.
- Acostado boca abajo, puedo jugar mientras sostengo el peso de mi cuerpo con los brazos. En esta postura puedo extenderme hacia delante o hacia los lados, y dar un golpe a un juguete o ayudar a girar las páginas de un libro.
- Cuando me ponen en una postura de pie apoyado en una mesa baja o con cualquier otro apoyo, puedo sostener con los pies el peso de mi cuerpo.
- Puedo sentarme sin ayuda, con la espalda bien recta.
- Puedo estirarme hacia un lado para coger un juguete cuando estoy sentado, y puedo jugar en esta postura.

EJERCICIOS

Voy en un avión

HABILIDADES QUE DESARROLLA

- Mantener la cabeza levantada y en la línea media en una posición de gateamiento.
- Extender los brazos hacia delante para apoyar el peso del cuerpo en los brazos estirados.
- Aumentar la fuerza de los músculos de los brazos, hombros y tercio superior de la espalda.

EJERCICIO

- Póngase de pie detrás de su hijo, sosteniéndolo con las manos bajo su pecho, y póngalo en una posición de gatear en el suelo o en la cama. Para mantener un buen apoyo de los codos del bebé, si es necesario utilice sus pulgares.
- Haga bajar las manos del bebé apoyándolas en el suelo o en la cama al tiempo que le ayuda a extender los brazos hacia delante, de modo que el peso de su cuerpo se apoye en ellos. Mantenga al mismo nivel, bien enderezados, los hombros y las nalgas del bebé haciendo que su cuerpo se encuentre en línea recta.

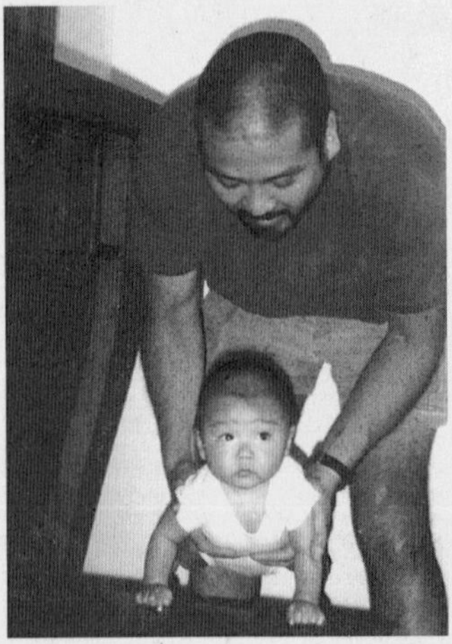

- Meza lentamente al bebé hacia delante de modo que tenga la sensación de que apoya el peso de su cuerpo en sus brazos estirados.
- A medida que el bebé sea capaz de asumirlo, proporciónele menos soporte y, asimismo, haga gradualmente que sus movimientos sean menos predecibles haciéndolo bajar más rápidamente e inclinándolo ligeramente hacia un lado o hacia el otro.

CONSEJO: siempre que haga este ejercicio, sostenga firmemente a su hijo ya que una «bajada en picado» puede asustarle y provocar un traumatismo.

NOTA: al principio, su hijo puede practicar este ejercicio en una superficie blanda como un sofá o la cama. A medida que aprenda a extender sus brazos y a bajarlos cuando se desplaza su equilibrio, podrá utilizar otras superficies, como una alfombra mullida en el suelo.

Monto a caballo

HABILIDADES QUE DESARROLLA

- Capacidad y seguridad en sí mismo cuando está en una postura a gatas, apoyándose con las manos y las rodillas.
- Apoyar el peso de su cuerpo en los brazos estirados.
- Juntar las piernas como preparación para gatear y ponerse de pie.

EJERCICIO I

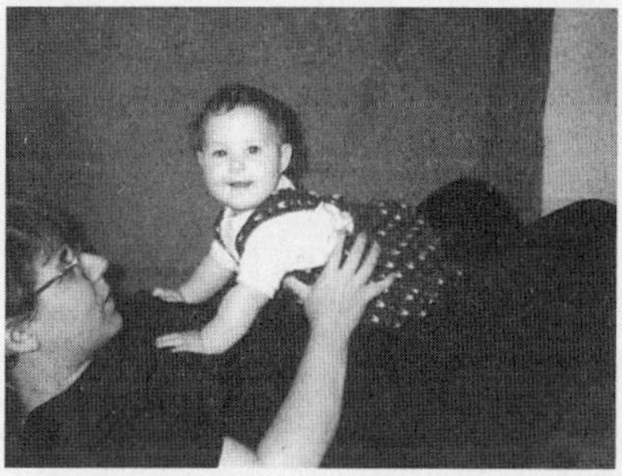

- Acuéstese boca arriba en el suelo, con las rodillas flexionadas y los pies apoyados firmemente en el suelo. Póngase al niño en una posición de gatear con los brazos apoyados sobre su pecho. Sus rodillas y caderas deben estar flexionadas. Manténgaselas juntas con ayuda de sus piernas. Proporciónele una buena sujeción en brazos y tronco según sea necesario para que sus brazos se mantengan rectos y levante el pecho.
- A medida que su bebé se sienta más cómodo, provéale menos sujeción. Anímelo a sostenerse sobre sus manos y rodillas sin ayuda.

EJERCICIO II

- En la misma postura que el ejercicio anterior, mézalo lentamente hacia atrás y hacia adelante, de un lado a otro, pro-

porcionándole soporte si es necesario, de modo que el bebé mantenga la postura de gatear.

- Una vez que su bebé sea capaz de mantener la postura de gatear y de mecerse hacia delante y hacia los lados con muy poco soporte, mantenga apoyado uno de sus brazos y levante el otro de modo que el niño practique el desplazamiento del peso de un lado a otro de su cuerpo. El objetivo para el bebé es mantener la postura de gatear mientras juega con un brazo levantado.
- Alterne ambos lados.

Rodamientos de la parte superior del cuerpo del bebé

Su bebé tiene la oportunidad de utilizar y desarrollar ambos lados de su cuerpo cuando practica movimientos desde una posición de sentado hasta una posición de acostado boca abajo. Este ejercicio es muy útil si su bebé prefiere un lado, o tiene problemas para sentarse con las piernas y los pies bien rectos.

HABILIDADES QUE DESARROLLA

- Rodamiento de la parte superior del cuerpo y apoyo del peso del cuerpo en los brazos, mientras se estira a través de la línea media y juega en una posición sedente lateral.
- Seguridad en sí mismo para sentarse con el peso inclinado hacia un lado.
- Sentarse con las rodillas y piernas juntas.
- Independencia para moverse desde una postura de sentado a la postura de acostado.

EJERCICIO I

- Con el bebé en una postura de sentado, flexione sus rodillas de modo que estén muy juntas. Estire los brazos del bebé hacia un lado asegurándose de que están bien rectos, de modo que su tronco esté girado hacia un lado y apoyado por sus brazos.

- Sentada detrás de su hijo proporciónele soporte, si es necesario para impedir que caiga hacia delante. Juegue con él en esta posición sedente lateral.

EJERCICIO II

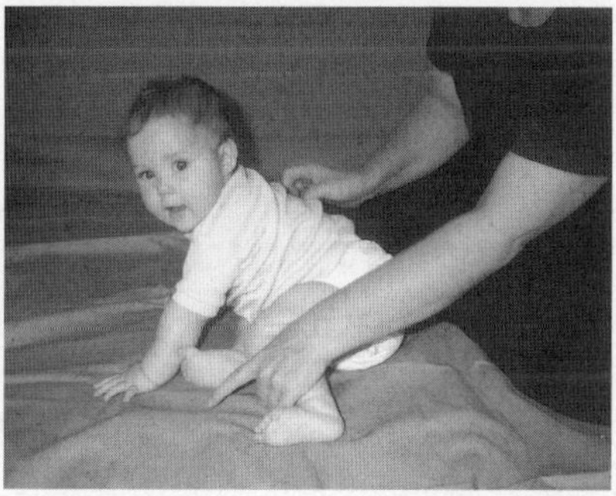

- Desde esta posición sedente lateral, anime a su bebé a desplazar su peso lateralmente y a bajar su cuerpo hasta quedar acostado en el suelo.
- Desde el suelo, anime a su bebé a volver a la postura sedente lateral y luego a la postura de sentado.

Una toalla para gatear

HABILIDADES QUE DESARROLLA

- Aumentar la capacidad y seguridad del bebé en la postura de gatear y aprender un patrón para gatear.
- Apoyar parte del peso de su cuerpo en los brazos y piernas.
- Utilizar ambos lados del cuerpo y los dos hemisferios del cerebro, lo que contribuye a desarrollar las vías neurales, que son importantes para el futuro aprendizaje.

MATERIAL

- Una toalla de baño pequeña y doblada.

EJERCICIO

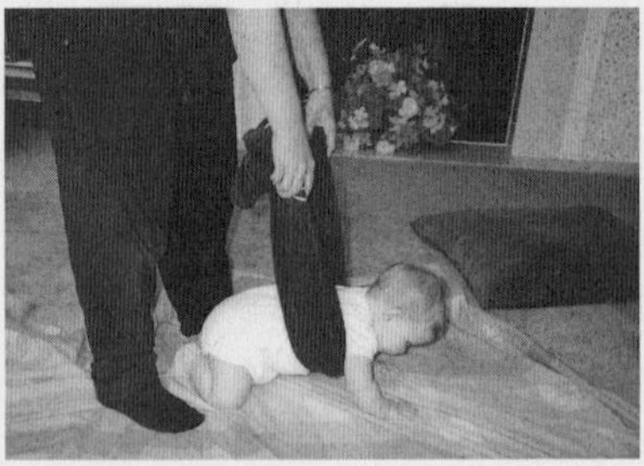

- Ponga a su bebé en el suelo, boca abajo. Arrolle la toalla plegada alrededor de su pecho, directamente por debajo de sus hombros, y levántelo con cuidado hasta que quede en una postura de gatear. Poniendo sus pies a ambos lados del bebé, utilícelos para mantener juntas sus rodillas. **Asegúrese de que la toalla no está arrollada alrededor del abdomen del bebé**.
- Deje que el bebé se sienta cómodo en esta postura de gatear y que apoye el peso de su cuerpo en sus brazos extendidos, al mismo tiempo que mantiene la cabeza levantada y centrada.
- Meza con suavidad a su hijo hacia delante y hacia atrás, deteniéndose en cada postura de modo que el bebé se sienta cómodo con los desplazamientos de su peso.
- Gradualmente tire de un lado de la toalla hacia delante mientras tira del otro lado hacia atrás, de modo que su hijo experimente el movimiento del gateamiento.

NOTA: debe hacer este ejercicio en una superficie blanda o sobre una alfombra. Tenga cuidado de que su hijo no baje en picado cayendo hacia delante.

A continuación se muestra una tabla de progresos que puede utilizar para seguir las habilidades motoras del bebé. Si su hijo es un prematuro o padece un retraso del desarrollo, algunas o todas estas habilidades aparecerán más tarde de lo que se recoge en la tabla.

Habilidades motoras del bebé

Mes	*5*	*5,5*	*6*	*6,5*	*7,*	*8*	*9*	*10*
Apoya el peso de su cuerpo en sus manos cuando está boca abajo en una posición de gatear	👣	👣	👣	👣	👣	👣	👣	
Acostado boca abajo, se levanta utilizando los brazos estirados	👣	👣	👣	👣	👣	👣	👣	
Puede moverse desde una posición de sentado hasta una postura sedente lateral	👣	👣	👣	👣	👣	👣	👣	
Se mueve desde una posición de sentado hasta quedar sentado de lado		👣	👣	👣	👣	👣	👣	
Boca abajo, se pone en una postura de gatear			👣	👣	👣	👣	👣	
Se coge constantemente con los brazos estirados cuando pierde el equilibrio			👣	👣	👣	👣	👣	
Cuando está acostado boca abajo en el regazo de papá o mamá, su espalda está recta y sus piernas están juntas (no se observa una curvatura de su espalda)			👣	👣	👣	👣	👣	
Juega en una postura sedente lateral			👣	👣	👣	👣	👣	👣
Puede darse la vuelta hasta una postura sedente lateral acostado boca abajo			👣	👣	👣	👣	👣	👣
Cuando está acostado boca arriba, se da la vuelta de lado y se levanta utilizando los brazos quedando en una postura de sentado				👣	👣	👣	👣	👣

IMPORTANTE: cada bebé se desarrolla de forma distinta. Estas habilidades pueden aparecer incluso en el último período citado en la tabla, y seguirán encontrándose dentro de los límites normales.

Aprendizaje y juegos

Un bebé que está a punto de empezar a gatear o un bebé que ya gatea puede jugar durante un período de hasta cinco minutos cada vez, y durante estos períodos de juego trabaja todas las habilidades que permitirán que sea un buen estudiante en los años venideros. Cuando pulsa los botones de un juguete musical, está desarrollando su coordinación motora fina. Cuando escucha los cuentos de los libros con ilustraciones, mejora sus habilidades de atención y cuando juega con juguetes articulados que el bebé puede hacer girar, sus ojos y sus manos están aprendiendo a moverse y a funcionar al mismo tiempo.

Además de jugar durante períodos más prolongados, su hijo está jugando de una manera más *activa.* A esta edad, lo pasa muy bien siendo el dueño de su pequeño universo. Hasta ahora, le han ocurrido cosas, pero a partir de este momento su hijo hace que ocurran cosas. Cómprele juguetes con ruedas a las que pueda dar vueltas, o muñecos que aparecen inesperadamente cuando pulsa un botón. Y déle una lección gratuita de lo que es una relación de causa-efecto vertiendo un poco de agua en la bandeja de su sillita de modo que pueda derramarla.

Su hijo está empezando a entender que existe un mundo grandioso fuera de su casa, así que léale cuentos sobre ir al médico o a la tienda de ultramarinos. También lo pasará muy bien con libros con secuencias repetitivas como *Buenas noches, luna*, al igual que libros con canciones infantiles o libros de juegos con los dedos. Está empezando a comprender las emociones, de modo que introduzca los conceptos de «feliz» y «triste», mostrándole las caras y expresiones de diferentes personas en los libros.

Su hijo está aprendiendo unas cinco a diez palabras cada día, y puede aumentar su vocabulario con libros que contengan muchas ilustraciones y muestren casas, jardines, otros bebés, etcétera. Asimismo, cuando le lea cuentos trate de enseñarle a discriminar los diferentes sonidos imitando dos ruidos diferentes, por ejemplo, el mugido de una vaca y el ladrido de un perro. Anímelo a imitar los sonidos iniciales de las palabras y a señalar los dibujos. A esta edad son mejores los pequeños libros gruesos, en especial si pueden limpiarse fácilmente. Su bebé lo pasará muy bien si puede manipular activamente los libros, por ejemplo, los libros con dedos marioneta que puede tocar y los libros con solapas que puede abrir. También son divertidos para el bebé los libros con botones para presionar que tocan música o emiten sonidos.

Los mejores libros para esta edad

- Secuencias repetitivas: *Buenas noches luna.*
- Libros a base de juegos con los dedos.
- Con canciones infantiles.
- Libros de cartón con solapas.
- Libros con ilustraciones para ampliar su vocabulario, con tres o cuatro objetos por página (p. ej., silla, sofá, espejo, etc.).
- Mis primeras palabras, mi casa, mi familia.
- Libros con animales elásticos y pegados.
- El libro de la granja.
- El libro de los animales.

JUGUETES/MATERIAL

Piano luminoso

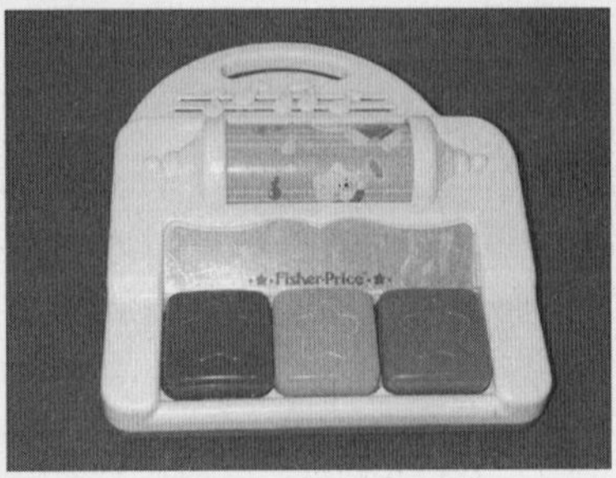

Habilidades

1. Le enseña la relación causa-efecto.
2. Estimula la destreza manual.
3. Prolonga el mantenimiento de su atención.
4. Mejora la coordinación óculo-manual.
5. Enseña al bebé a anticipar una acción mejorando las habilidades de memoria.
6. Estimula el movimiento de presión con las manos abiertas.
7. Enseña el concepto encendido/apagado.

Libros para jugar a esconder y a encontrar («cucú, ¿está?»)

Habilidades

1. Enseñan al niño a seguir instrucciones.
2. Mantienen la atención del bebé durante períodos prolongados.
3. Mejoran la destreza manual de su hijo.
4. Enseñan al niño a saber turnarse: primero pasan las páginas papá o mamá y después yo.
5. Enseñan conceptos espaciales: arriba/abajo, dentro/fuera.
6. Aumentan el vocabulario y las habilidades receptivas del lenguaje.

Teléfono con botones para pulsar o un dispositivo de control remoto

Habilidades

1. Mejora la coordinación motora fina, los movimientos aislados con los dedos y la destreza manual.
2. Enseña la relación causa-efecto.
3. Enseña al bebé a aprender los conceptos del lenguaje.
4. Estimula al bebé a jugar solo.

Libros con diferentes partes unidas con velcro y cintas

Habilidades

1. Le enseñan habilidades de vocabulario.
2. Mejoran sus habilidades de atención y memoria.
3. Enseñan el concepto dentro/fuera.
4. Enseñan el concepto de turnarse.
5. Fomentan la destreza con los dedos.

Maracas, cascabeles, panderetas

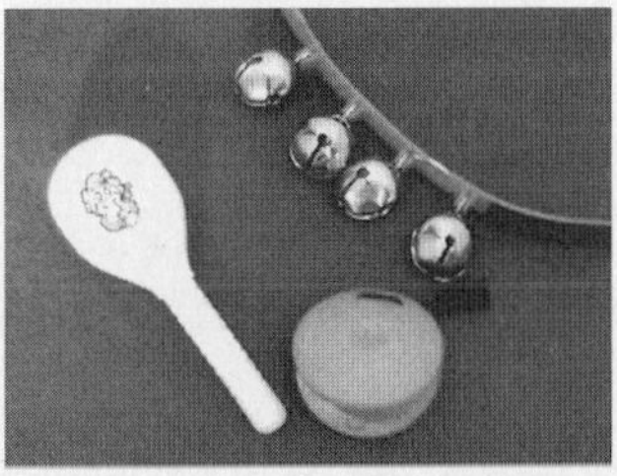

Habilidades

1. Cuando el padre y el bebé juegan juntos, enseñan habilidades auditivas y de imitación.
2. Desarrollan el conocimiento auditivo.
3. Enseñan el concepto de secuencia.

Me incorporo en una postura de gateamiento

HABILIDADES QUE DESARROLLA

- Mantener el equilibrio y desplazar el peso entre las partes superior e inferior del cuerpo.
- Desarrollar tanto el lado izquierdo como el derecho del cuerpo.
- Aumentar la fuerza y la estabilidad de los hombros y de los brazos.
- Facilitar la utilización de los hemisferios izquierdo y derecho del cerebro.

MATERIAL

- Juguetes blandos, juguetes musicales con movimiento, libros con botones para pulsar, piano musical hinchable, una pelota con juguetes en su interior que se mueven, una tela de colores vivos. Todos los juguetes han de ser lo bastante grandes para que el niño no pueda sujetarlos con la mano.

EJERCICIO

- Ponga al bebé en una superficie mullida, cama, sofá o una alfombra.
- Ponga una mano en el abdomen de su bebé y la otra en sus nalgas.
- Meza suavemente al niño hacia delante.
- Trate de proveerle un soporte máximo para ayudarle a levantarse en una postura de gateamiento.
- Lean un cuento, miren un juguete que se mueve o escuchen los sonidos que emite un juguete musical.
- Escoja solamente juguetes blandos, de modo que si su hijo cae sobre ellos no se haga un chichón.
- Evite los juguetes pequeños que su hijo puede sujetar con la mano porque las necesita para apoyarse en el suelo.
- Para bebés con una piel muy sensible, haga este ejercicio mientras su hijo va vestido con un mono o ropa de algodón mullida que le cubra las piernas y rodillas.

A continuación se muestra una tabla de progresos que puede utilizar para seguir las habilidades de aprendizaje del bebé. Si su hijo es un prematuro o padece un retraso del desarrollo, algunas o todas estas habilidades aparecerán más tarde de lo que se recoge en la tabla.

HABILIDADES DE APRENDIZAJE DEL BEBÉ

Mes	*6*	*7*	*8*	*9*	*10*	*11*	*12*
Destapa un juguete que le han ocultado	👣	👣	👣	👣	👣	👣	👣
Da golpes al mismo tiempo a bloques de construcción/juguetes	👣	👣	👣	👣	👣	👣	👣
Coge objetos pequeños y se los pone en la boca	👣	👣	👣	👣	👣	👣	👣
Lo pasa muy bien con juegos recíprocos, por ejemplo, cogiendo una pelota y haciéndola rodar		👣	👣	👣	👣	👣	👣
Repite gestos (por ejemplo, aplaudir, parpadear, juegos con los dedos), imita gestos (por ejemplo, saca la lengua)		👣	👣	👣	👣	👣	👣
Repite sonidos de una o dos sílabas («uh-oh», «ba ba»)		👣	👣	👣	👣	👣	👣
Lo pasa muy bien con los juguetes musicales o de acción, pulsa repetidas veces los botones o interruptores para iniciar la acción o el sonido		👣	👣	👣	👣	👣	👣
Produce sonidos vocales y algunos consonantes			👣	👣	👣	👣	👣
Apila anillas o bloques de construcción			👣	👣	👣	👣	👣

IMPORTANTE: cada bebé se desarrolla de manera diferente. Estas habilidades pueden aparecer incluso en el último período citado en la tabla, y seguirán encontrándose dentro de los límites normales.

Logros del bebé

En el momento en que su hijo se encuentre en el estadio de gatear habrá adquirido las siguientes habilidades:

- Puedo ponerme en posición de sentado y desde esta posición puedo acostarme sin ayuda, y puedo jugar en una postura sedente lateral con ambos brazos a un lado de mi cuerpo.
- Tengo reacciones constantes y rápidas para recuperar el equilibrio. Si pierdo el equilibrio, extiendo los brazos hacia delante, hacia los lados y en ocasiones hacia atrás para proteger mi cabeza de los golpes.
- A esta edad puedo permanecer en una postura de gatear con las rodillas juntas y mecerme hacia atrás y hacia delante. En esta postura, puedo levantar una mano y jugar con un muñeco.
- Puedo ponerme en una postura de sentado sin ayuda cuando estoy acostado boca arriba o boca abajo, lo que contribuye a que los dos hemisferios cerebrales trabajen al mismo tiempo.
- He desarrollado la estabilidad de los hombros y la fuerza de los brazos sosteniendo mi peso en los brazos cuando gateo, lo que es una habilidad básica para la escritura y para adquirir otras habilidades motoras finas que requieren una estabilidad de los hombros.
- Puedo señalar ocho a diez objetos en dibujos de temas individuales, por ejemplo, una pelota, una bebida, la mamá o una cuchara.
- Puedo responder a las instrucciones de «haz que suenen» y «para» cuando estoy jugando con cascabeles o maracas.
- Puedo jugar con un juguete durante cinco minutos.

«¿PUEDE DECIRME POR QUÉ...?»
Respuestas a las preguntas que con frecuencia plantean los padres

Mi bebé gatea, pero es un gateamiento con el abdomen que recuerda una marcha militar, con los brazos flexionados y las piernas muy separadas. ¿Cómo puedo corregirlo?

Practiquen los ejercicios, descritos en este capítulo, «Monto a caballo» y «Una toalla para gatear». También pueden hacer el ejercicio descrito en el capítulo 3, «Doy una vuelta», manteniendo bien juntas las piernas del bebé mientras pasean. Cuando juegue con el bebé, utilice sus propias piernas para mantener juntas las piernas de su hijo.

Cuando su hijo duerma, póngalo en un saco de dormir, lo que evitará que separe las piernas. Asimismo, no utilice pañales muy gruesos, especialmente los que son de tela, pues impiden que su bebé junte las piernas. Si sigue «gateando con el abdomen» después de seis a ocho semanas más, consulte a su médico.

Los brazos de mi bebé parecen muy fuertes. Puede apoyar el peso de su cuerpo en sus brazos pero mantiene sus piernas muy separadas y parece caer entre sus piernas cuando lo pongo en una postura de gatear.

Los juegos mientras está acostado de lado lo ayudarán a habituarse a juntar las piernas y las rodillas. Asimismo, anímelo a jugar en una postura de sentado con las piernas bien juntas.

Compruebe cómo se sienta su hijo. ¿Mantiene muy separadas las piernas? Si es así, evite llevarlo en brazos o en su coche con las piernas muy separadas. Cuando lo lleve en brazos o lo sostenga en su regazo, júntele las piernas. Es posible que necesite utilizar más los músculos que mantienen juntas ambas piernas, un problema que los ejercicios descritos en este capítulo pueden contribuir a corregir.

Cuando pongo a mi bebé de pie, se hunde y apenas sostiene su peso, o se desploma. Flexiona los pies y prácticamente se sostiene de pie por las caderas. ¿Qué debo hacer?

Ponga a su hijo unos zapatos de piel que sean altos. Cuando lo ponga de pie, haga que se apoye en una mesa baja y usted póngase directamente detrás para sostener sus nalgas y rodillas. Cuando esté bien apoyado, hágale permanecer de pie durante treinta segundos, mirando un juguete o cantando. Gradualmente aumente el tiempo que permanece de pie en diez segundos cada día. Si no mejora al cabo de pocas semanas, consulte a su pediatra.

Mi bebé siempre tiene las manos cerradas y es difícil conseguir que las apoye bien extendidas cuando está gateando. ¿Qué debo hacer?

Anime a su hijo a jugar en su silla alta con agua, a pintar con los dedos, a jugar con yogur, budín o cualquier alimento blando o con una ropa mullida para que se acostumbre a la sensación de tener las manos abiertas. Evite los juguetes muy pequeños que animan a su hijo a apretar los puños. Hagan el ejercicio descrito en este capítulo «Voy en avión», para que su bebé practique sostener el peso de su cuerpo con las manos abiertas. Si su bebé tiene más de cuatro meses y continúa cerrando las manos, consulte a su pediatra.

Mi bebé brinca como una rana más que gatear o mover cada pierna por separado. ¿Cómo puedo corregirlo?

Dependiendo de la edad de su hijo, el problema se corregirá por sí solo. Pueden ser útiles las actividades que animan a su bebé a utilizar ambas piernas por separado. Cuando le cambie el pañal, levántele una de ambas piernas cada vez y jueguen con los dedos de este pie. Asimismo, póngale calcetines y anímelo a sacárselos. En el capítulo 3 puede encontrar ejercicios que ayudarán a su bebé a mover cada pierna por separado.

Mi bebé sólo puede aguantar durante unos segundos cuando lo pongo en posición de gatear, pero en seguida se desploma y cae hacia delante sobre su cara. ¿Cuál es el problema?

Habitualmente, cuando un bebé cae hacia delante, el motivo es que no tiene la suficiente estabilidad en los brazos. Los ejercicios de «una toalla para gatear», «doy una vuelta» y «monto a caballo» lo ayudarán a desarrollar fuerza en los brazos y en los hombros. Además, cuando juegue con su hijo o le lea cuentos, póngaselo en el regazo acostado de lado, con lo que tendrá que apoyar el peso de su cuerpo en sus brazos.

Me preocupa que cuando mi hijo gatea pueda lastimarse las rodillas. ¿Estoy en lo cierto o soy demasiado exagerada?

Algunos bebés sufren abrasiones en las rodillas, denominadas excoriaciones, es decir, rascaduras o pequeñas heridas que sólo afectan a la epidermis. Cuando esté aprendiendo a gatear póngale pantalones gruesos o un mono de algodón mullido y no tendrá ningún problema.

Capítulo 6

Puedo ponerme de pie

En este momento su bebé es un experto gateador que puede subir y bajar escaleras, o gatear hasta la cocina, e incluso meterse dentro de los armarios para echar un vistazo a su contenido. También se ha convertido en una auténtica aspiradora humana y se introduce en la boca cualquier cosa que encuentra a su paso por el suelo: papeles, los juguetes del perro, galletas y motas de polvo. Además, empieza a «hablar» más y puede lloriquear o gruñir cuando desea algo. Con frecuencia balbuceará e incluso pronunciará sonidos de dos sílabas. A esta edad ya comprende unas cincuenta palabras, y está aprendiendo a señalar los objetos que desea, un paso fundamental en su desarrollo mental.

Desde un punto de vista social, cada vez es más consciente de quién es la «familia» y quién no lo es. Siempre desea que papá o mamá lo lleven en brazos y le hagan arrumacos, mientras que en ocasiones se muestra distante con las personas extrañas. Éste es un estadio normal. Entre los seis y los diez meses, la mayor parte de los bebés establecen vínculos especiales con las personas conocidas y se muestran indecisos con aquellos que les resultan desconocidos.

A esta edad su hijo no para en todo el día. Incluso cambiarle los pañales representa un gran esfuerzo, porque ha decidido que no desea que lo toquen y lo que quiere es emprender otra aventura. También desea estar bien derecho, ya que empieza a darse cuenta de que ponerse de pie es mucho más divertido.

Una vez que su hijo aprenda a ponerse de pie, todos los objetos que tiene sobre las mesas le resultarán atractivos, de modo que retire cualquier objeto de pequeño tamaño, como ceniceros, chucherías frágiles o plantas que decoraban las superficies de los muebles que están a su alcance. Tampoco deje próximas tazas llenas de café, té o cualquier líquido caliente y utilice con moderación la cera para los muebles porque, a partir de ahora, las manos de su hijo lo tocarán todo y todo lo que tiene en sus manos, tarde o temprano, llega a su boca.

Cómo se pone de pie un bebé

Ponerse de pie es una habilidad que su hijo aprenderá gradualmente. Entre los cuatro meses y medio y los seis meses, la mayor parte de los bebés pueden permanecer de pie al ponerlos en una postura erguida. En algún momento entre los siete y los doce meses aprenden a enderezarse hasta quedar en una postura de pie. Sin embargo, aunque para los bebés es fácil levantarse, les resulta difícil volver a sentarse. Al principio tienen tendencia a aterrizar con un gran «cloc» sobre sus nalgas y en ocasiones se hacen daño.

Sin ninguna duda, aprender a ponerse de pie requiere práctica. Para ponerse de pie su hijo necesita extender su cuerpo, hacer fuerza contra la gravedad y controlar todo su cuerpo desde la cabeza hasta los pies. Tiene que llegar a dominar todas estas habilidades.

Primero su hijo aprende a ponerse de pie apoyándose en una superficie, habitualmente una mesa, silla o sofá. Probablemente empezará pasando desde una posición de sentado moviéndose hasta ponerse de pie. Al principio puede mostrarse asustado pero también fascinado por esta nueva capacidad y por el mundo que se abre ante él.

A pesar de que la mayoría de los bebés pueden ponerse de pie desde una posición de sentados, muchos tienen dificultades para hacer el proceso a la inversa. Al principio, los bebés necesitan aprender cómo relajar sus rodillas y flexionarlas para sentarse de nuevo. En un primer momento, puede sentarse detrás del bebé o proporcionarle una almohada para ayudarle en esta transición entre la postura de sentado y la postura erguida (llamada de bipedestación). Preste atención al humor de su hijo; si empieza a hacer una pataleta después de un rato, probablemente su malhumor se deba a que esté tratando de imaginar cómo relajar las rodillas y caderas y sentarse de nuevo. Échele una mano antes de que manifieste su frustración y enfado.

Cuando su hijo esté de pie, preste atención a la posición de sus pies y de sus piernas. Si sus piernas están demasiado separadas o demasiado juntas, no será capaz de permanecer de pie bien derecho. Asimismo, debe apoyar el peso de su cuerpo en ambos pies por igual y no sólo en un pie. Idealmente, las piernas de su hijo deben estar a una distancia equivalente a la anchura de los hombros. Asegúrese de que sus pies están bien estirados y no girados hacia dentro o hacia fuera. Si su bebé trata de mantenerse de pie poniéndose de puntillas o sus pies están girados hacia dentro o hacia fuera, tendrá dificultades para mantener el equilibrio e incluso en un futuro puede desarrollar deformidades en los pies. Si se pone de pie correctamente, evitará estos problemas y adquirirá unos buenos patrones motores que durarán toda su vida.

Algunos bebés apretujan los dedos de los pies, lo que es normal, pero esto les ocasiona dificultades a la hora de ponerse de pie. Si los dedos de los pies de su hijo están agarrotados, libéreselos con cuidado con sus propias manos. Y si se pone rígido cuando está de puntillas o se da la vuelta apoyado sobre los tobillos, acuda a los ejercicios del capítulo 8.

Los ejercicios que ayudarán a su bebé a saber ponerse de pie incluyen actividades que se relacionan con pasar a una postura erguida desde una postura de sentado, acunarlo mientras se apoya con las manos y los pies, y jugar en una posición de cuclillas o arrodillado, habilidades que son esenciales para una transición sin riesgos a la postura de pie. Naturalmente, otro requisito es la seguridad en sí mismo. Ésta es la razón de que los ejercicios de este capítulo estén destinados tanto a hacer que su bebé sea más fuerte, más estable, y tenga mayor coordinación como para infundirle la sensación de «¡yo puedo hacerlo!».

Habilidades del bebé para empezar

A continuación se describen las habilidades que su bebé necesitará antes de iniciar los ejercicios descritos en este capítulo.

- Puedo permanecer de pie apoyado contra una mesa, utilizando las manos para hacerlo.
- Puedo jugar apoyado contra una mesa en una posición de arrodillado, con las rodillas bien juntas.
- Puedo incorporarme hasta ponerme de pie.
- Cuando estoy acostado en el suelo, puedo ponerme en una posición de sentado y volver a la posición de acostado.
- Puedo jugar en una postura sedente lateral.
- Puedo sentarme con la espalda completamente recta.
- Puedo gatear.
- Puedo mecerme hacia atrás y hacia delante e incorporarme hasta quedar en una postura de arrodillado.
- Cuando caigo hacia un lado o hacia delante, siempre extiendo mis brazos para proteger mi cabeza.

Ejercicios

Sobre mis rodillas

Haga este ejercicio si su hijo tiene tendencia a caer hacia atrás o tiene dificultades para mantener las piernas juntas. Este ejercicio ayudará a su bebé a meter la barriga.

HABILIDADES QUE DESARROLLA

- Mantener juntas las rodillas y jugar en una postura de arrodillado.
- Mantener la espalda recta y bien erguidas las nalgas mientras juega en una postura de arrodillado.
- Mejorar el equilibrio y la estabilidad entre las partes superior e inferior del cuerpo.

EJERCICIO

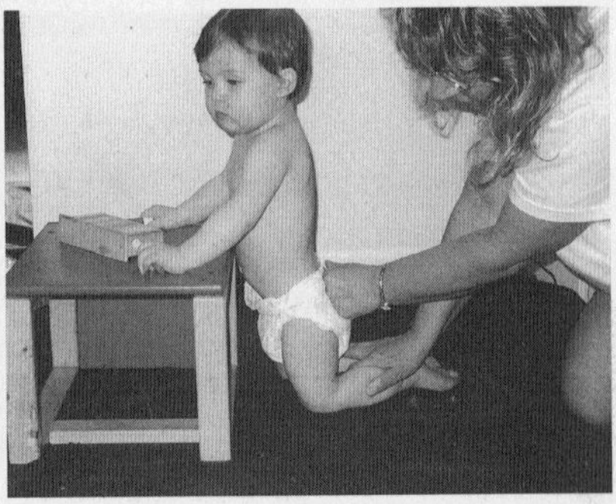

- Ponga al bebé en una postura de arrodillado en una superficie mullida. Ponga un juguete en una mesa baja delante del niño. Siéntese detrás, apoyando bien sus nalgas y su abdomen. **Asegúrese de que las rodillas de su bebé prácticamente se tocan, de que no tiene los pies girados y de que no tiene los dedos de los pies flexionados.**
- En esta postura de arrodillado, las nalgas del bebé deben estar hacia delante y bien prietas de modo que su espalda quede bien recta. Las nalgas deben estar alineadas con los hombros.
- Proporciónele soporte a nivel de las nalgas y piernas si es necesario para mantener las nalgas apretadas y las rodillas muy juntas.
- Gradualmente proporciónele menos soporte a medida que su bebé sea capaz de jugar solo en esta postura de arrodillado.

El ascensor

HABILIDADES QUE DESARROLLA

- Ponerse de pie desde una posición de sentado.
- Sentarse desde una posición de pie.

EJERCICIO

- Siéntese en el suelo. Ponga al bebé en una posición de sentado sobre sus rodillas, con las piernas separadas unos catorce centímetros.
- Asegúrese de que los pies del bebé están extendidos sobre el suelo (no de puntillas), y de que están bien estirados y no girados hacia dentro ni hacia fuera.

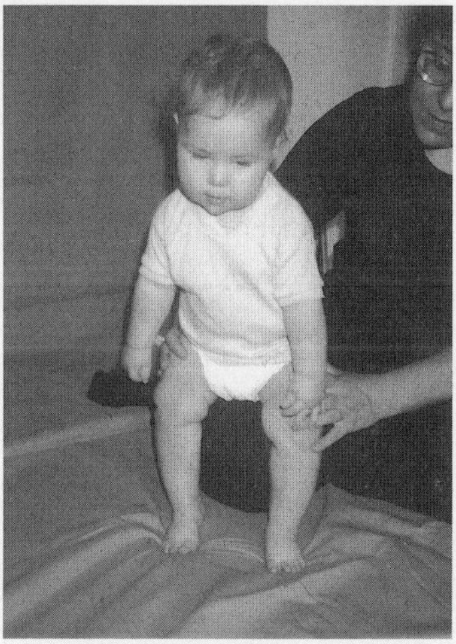

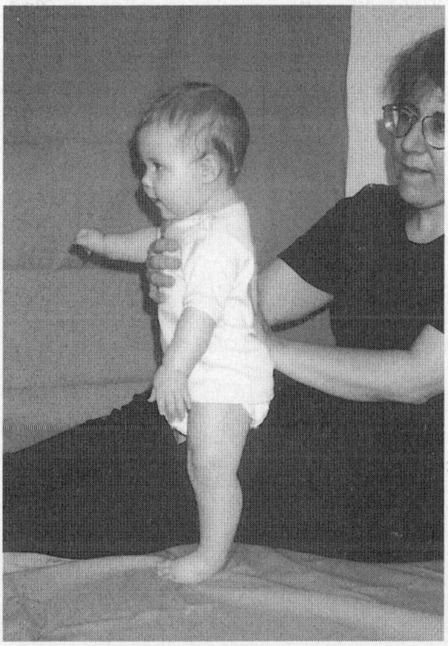

- Anime a su bebé a ponerse en una postura de pie. Proporciónele soporte a nivel de las rodillas y caderas si es necesario, para impedir que entrecruce las rodillas, y anime al niño a tensar y contraer sus nalgas. Si es necesario, levántele lentamente una pierna para ponerlo de pie.
- Una vez que su bebé esté de pie, déjele percibir la sensación de equilibrio, proporcionándole apoyo si es necesario para impedir que caiga.

- Proporciónele estabilidad a nivel de las caderas y anímelo a sentarse lentamente sobre su pierna.

Me pongo de pie mientras me abrazan

HABILIDADES QUE DESARROLLA

- Desarrollar la sensación de equilibrio mientras está bien apoyado.
- Sentirse cómodo en una postura de pie.
- Ponerse de pie con las nalgas contraídas, bien prietas y los pies y las piernas alineados (los pies rectos y las piernas separadas unos catorce centímetros).

EJERCICIO

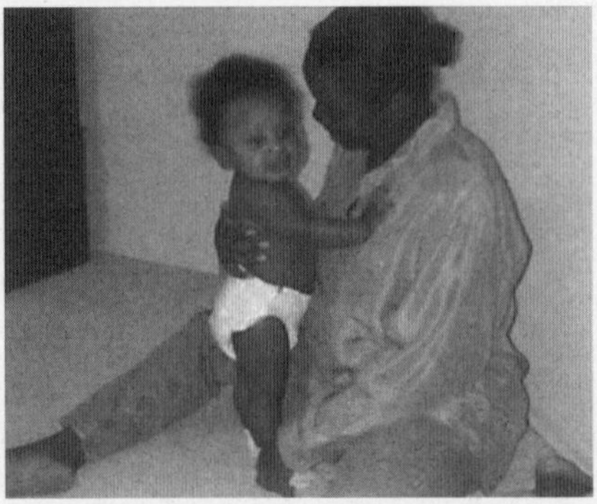

- Siéntese en el suelo con las piernas en una posición de V. Sostenga a su bebé muy cerca, cara a usted, y proporciónele soporte a nivel de las caderas y tercio superior de la espalda, de modo que esté recostado en usted y se mantenga de pie bien derecho. Asegúrese de que sus pies están bien estirados y no girados hacia dentro o hacia fuera por los tobillos.
- Ponga los pies de su bebé debajo de sus piernas para impedir que levante los pies del suelo o los gire por los tobillos.
- Anime a su bebé a permanecer de pie mientras lo abraza, proveyéndole apoyo y una sensación de seguridad.
- Gradualmente proporciónele menos soporte a medida que su bebé sea capaz de asumirlo.

NOTA: para los bebés con problemas de estabilidad en los pies, un calzado alto contribuirá a proporcionarles soporte. Únicamente ponga unos zapatos altos con cordones a su bebé si carece de estabilidad en los tobillos. En general, poner de pie al bebé descalzo le permitirá observar fácilmente la posición de sus pies y tobillos, y contribuye a que el bebé desarrolle la fuerza y sensación de equilibrio en sus pies.

¡Mira qué alto soy!

HABILIDADES QUE DESARROLLA

- Aumentar la sensación de comodidad mientras está de pie.
- Mejorar la sensación de equilibrio cuando está de pie.
- Jugar mientras está de pie.
- Desplazar el peso de su cuerpo de un lado a otro mientras se apoya.

MATERIAL

- Una mesa baja que no supere la altura de los hombros del bebé o una caja de cartón fijada al suelo.
- Un juguete interesante con movimiento o que toque música o un libro.

EJERCICIO

- Ponga a su bebé de pie apoyado contra la mesa con los pies separados unos veinte centímetros.
- Si es necesario, proporciónele soporte a nivel de las nalgas y rodillas para impedir que se desplome.
- Deje que su hijo permanezca de pie uno a dos minutos y léale un cuento, cántele una canción o miren juntos un

juguete en movimiento o que toque música. Siéntese directamente detrás del bebé y ayúdelo a sentarse lentamente. Si su bebé está nervioso no lo haga.

- Al principio permanezca sentada muy cerca de su hijo para impedir que caiga. Tenga cuidado cuando haga este ejercicio. La seguridad en sí mismo del bebé depende de que tenga una buena experiencia en la postura de pie.

Permanezco de pie apoyado contra la pared

Habilidades que desarrolla

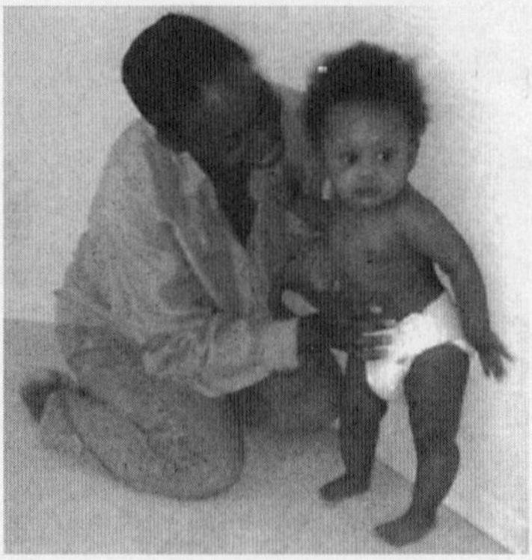

- Permanecer de pie y mantener el equilibrio sin su ayuda.
- Permanecer de pie con una buena alineación de los pies, cadera y espalda, sin girar los pies hacia dentro o hacia fuera y con las nalgas contraídas, bien prietas.

Ejercicio

- Ponga a su hijo de pie con las nalgas apoyadas a la pared. Permanezca muy cerca de él, a unos cinco centímetros para aumentar su sensación de seguridad e impedir que caiga.
- Asegúrese de que los pies de su hijo están bien alineados y de que sus piernas están separadas aproximadamente a una distancia que corresponda a la anchura de sus hombros. Si nota que sus rodillas se desploman, provéale soporte, y corrija la posición de sus pies si gira los tobillos o gira los pies hacia dentro o hacia fuera.
- Juegue con su hijo unos momentos o cántele una canción.
- Empiece manteniendo esta postura de pie durante unos treinta segundos a un minuto cada vez y permanezca muy cerca de su hijo para que pueda tocarla y utilizarla como

punto de apoyo si es necesario. La primera experiencia de su hijo en la postura de pie puede ser agotadora. Si parece angustiado en esta postura, siéntese apoyada contra la pared cerca de él y proporciónele soporte según sea necesario.

En la página siguiente se muestra una tabla de progresos que puede utilizar para seguir las habilidades motoras del bebé. Si su hijo es un prematuro o padece un retraso del desarrollo, algunas o todas estas habilidades aparecerán más tarde de lo que se recoge en la tabla.

HABILIDADES MOTORAS DEL BEBÉ

Mes	*7*	*7,5*	*8*	*8,5*	*9*	*9,5*	*10*	*10,5*	*11*	*12*	*13*	*14*	*15*
Se pone de pie apoyado contra una mesa y juega con un juguete	👣	👣	👣	👣	👣	👣	👣	👣	👣	👣	👣	👣	👣
Juega en una postura de arrodillado apoyado contra una mesa con las rodillas juntas y las nalgas contraídas, bien prietas		👣	👣	👣	👣	👣	👣	👣	👣	👣	👣	👣	👣
Desde una postura en cuclillas/sentado se pone de pie		👣	👣	👣	👣	👣	👣	👣	👣	👣	👣	👣	👣
Juega en una postura en cuclillas			👣	👣	👣	👣	👣	👣	👣	👣	👣	👣	👣
Se incorpora hasta ponerse de pie desde una postura de sentado o de gatear con apoyo			👣	👣	👣	👣	👣	👣	👣	👣	👣	👣	👣
Utiliza una mano para apoyarse cuando juega en posición de pie			👣	👣	👣	👣	👣	👣	👣	👣	👣	👣	👣
Anda a cuatro patas (se incorpora y gatea apoyándose en manos y pies)				👣	👣	👣	👣	👣	👣	👣	👣	👣	👣
Se «desplaza» alrededor de una mesa				👣	👣	👣	👣	👣	👣	👣	👣	👣	👣
Deja de apoyarse para coger un juguete o pasarse un juguete de una mano a la otra				👣	👣	👣	👣	👣	👣	👣	👣	👣	👣
Permanece de pie sin ayuda durante algunos segundos					👣	👣	👣	👣	👣	👣	👣	👣	👣

IMPORTANTE: cada bebé se desarrolla de manera diferente. Estas habilidades pueden aparecer incluso en el último período citado en la tabla, y seguirán encontrándose dentro de los límites normales.

APRENDIZAJE Y JUEGOS

En este estadio su bebé tiene una mejor percepción de su propio cuerpo y de su relación con otros objetos. También empieza a entender los conceptos espaciales. Por ejemplo, déle un juguete que esté al revés y probablemente su bebé le dará la vuelta. Su coordinación mejora día a día, y a estas alturas es capaz de manipular anillas y tazas apiladas, y juegos de construcción cuyas piezas son de mayor tamaño. Puede empujar juguetes con ruedas y tirar de la cuerda de un juguete con ruedas, y una vez que haya aprendido a ponerse de pie, será capaz de empujar juguetes, como su carrito de la compra y su cortacésped.

Además, el niño empieza a entender los importantes conceptos mentales de la anticipación y la gratificación retardada. Hasta esta edad, el bebé vivía en el «presente», pero ahora está aprendiendo a recordar el pasado y está deseando que llegue el futuro. También sabe que puede obtener las cosas que desea señalándolas o expresándolo con «palabras». Y también se da cuenta de que los objetos existen aun cuando no pueda verlos; por ejemplo, sabe que dentro del frigorífico y en los armarios de la cocina se guarda comida, y los señala diciendo al mismo tiempo «biberón» o «galleta». Su vocabulario aumenta rápidamente porque comprende que el lenguaje es útil. Leyendo con regularidad a su hijo, le enseñará nuevas palabras, así como algunas habilidades preacadémicas, como permanecer sentado muy quieto, prestar atención y seguir instrucciones.

Éste es un período perfecto para practicar la imitación, otra importante habilidad que ayudará a su bebé a tener éxito en la escuela. Haga que la imite cuando usted aplaude, diciéndole adiós con las manos, cuando se cepilla los dientes y el pelo o cuando emite las voces de distintos animales. También lo pasará bien con el juego de «sí, no», en el que el bebé asiente con la cabeza o la sacude para decir no a preguntas como: «¿es un libro esto?».

Los mejores libros para esta edad

- Libros musicales con canciones.
- Libros con botones para pulsar que comparan dibujos con otros dibujos más pequeños, utilizando un botón.
- CD-Roms comercializados específicos para esta edad.

JUGUETES/MATERIAL

Barrio sésamo

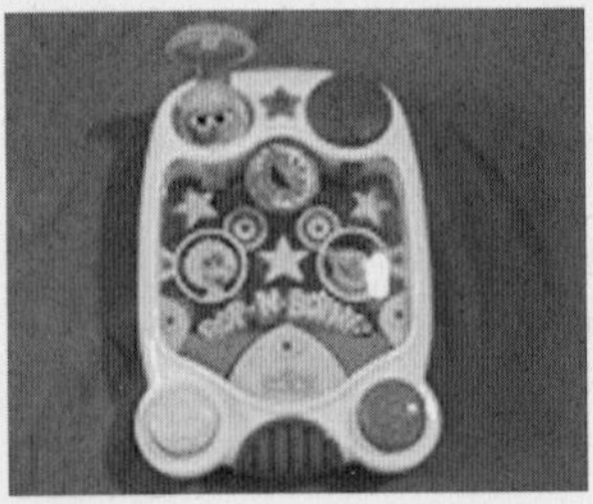

Habilidades

1. Mejora la coordinación óculo-manual.
2. Desarrolla la planificación motora.
3. Enseña la relación causa-efecto.

Juguetes musicales

Habilidades

1. Enseñan la relación causa-efecto.
2. Estimulan las habilidades auditivas, visuales y táctiles.
3. Mejoran la coordinación óculo-manual.
4. Enseñan la anticipación.
5. Enseñan las relaciones espaciales.

Libros con botones para pulsar

Habilidades

1. Enseñan la relación causa-efecto.
2. Ayudan al bebé a entender la relación entre los símbolos y el lenguaje.
3. Mejoran la coordinación motora fina y la precisión motora fina.
4. Ayudan al bebé a saber anticipar acontecimientos.
5. Mejoran la comprensión receptiva del lenguaje y la discriminación auditiva.

Caballito mecedor

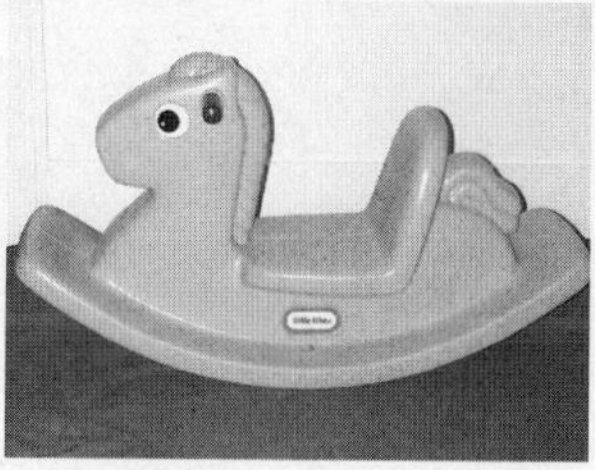

Habilidades

1. Enseña a su hijo a desplazar el peso de su cuerpo hacia delante, hacia atrás y hacia los lados.
2. Mejora el equilibrio.
3. Enseña orientación espacial.
4. Mejora el tono de los músculos abdominales.
5. Enseña al bebé a mover por separado las caderas y la parte superior de su cuerpo.

Permanezco de pie mirándome al espejo

HABILIDADES QUE DESARROLLA

- Permanecer de pie sin cogerse de la mano de papá o mamá.
- Mejorar la sensación de equilibrio.
- Aprender a utilizar los brazos mientras permanece de pie.
- Desarrollar la fuerza en los brazos y la estabilidad de los hombros.

MATERIAL

- Pegatinas de plástico reutilizables.
- Juguetes con ventosas.
- Una pared, un espejo o un balón de unos sesenta centímetros de diámetro.
- Un bote de nata envasada a presión.
- Una toallita o manopla.

EJERCICIOS

- Ponga a su bebé de pie de cara a usted, sobre una alfombra.
- Proporciónele una buena sujeción a nivel de las caderas asegurándose de que sus brazos están bien extendidos hacia delante, lo que mantendrá su equilibrio.

- Compruebe la posición de sus pies, asegurándose de que no los tiene girados hacia dentro o hacia fuera. Sus piernas deben estar separadas entre sí unos catorce centímetros.
- Juegue en esta postura, sujetando los juguetes o haga cualquier actividad a la altura de los hombros de su hijo. Adhiera las pegatinas y los juguetes con ventosa al espejo, en un lugar donde el bebé pueda cogerlos y rocíe el espejo con la nata para que el niño pueda pintar con los dedos. Deje que su hijo «limpie el espejo» con agua.
- Cante canciones a medida que su bebé sea capaz de mantenerse de pie sin apoyarse con las manos.

NOTA: proporcione un soporte máximo a su hijo para impedir que caiga. El bebé debe ser capaz de mantenerse de pie apoyado contra una mesa sin su ayuda antes de hacer este ejercicio.

En la página siguiente se muestra una tabla de progresos que puede utilizar para seguir las habilidades de aprendizaje de su hijo. Si su bebé es un prematuro o padece un retraso del desarrollo, algunas o todas estas habilidades aparecerán más tarde de lo que se recoge en la tabla.

HABILIDADES DE APRENDIZAJE DEL BEBÉ

Mes	***7***	***8***	***9***	***10***	***11***	***12***	***13***	***14***
Empuja/tira de un coche con un cordel	👣	👣	👣	👣	👣	👣	👣	👣
Pone en marcha un juguete utilizando el interruptor o pulsando el botón (por ejemplo, caja de sorpresas con muñeco a resorte, o juguete al que se da cuerda)	👣	👣	👣	👣	👣	👣	👣	👣
Lo pasa muy bien llenando tazas con agua y vertiéndola	👣	👣	👣	👣	👣	👣	👣	👣
Con una cuchara da golpes a sus cacharros de cocina, o golpea un tambor o piano	👣	👣	👣	👣	👣	👣	👣	👣
Juega con una pelota, haciéndola rodar hacia atrás y hacia delante repetidamente	👣	👣	👣	👣	👣	👣	👣	👣
Sabe encajar objetos		👣	👣	👣	👣	👣	👣	👣
Come solo galletas o pedacitos de pan		👣	👣	👣	👣	👣	👣	👣
Abre y cierra las puertas		👣	👣	👣	👣	👣	👣	👣
Desarrolla la orientación espacial, puede indicar cuándo algo está al revés		👣	👣	👣	👣	👣	👣	👣

Mes	*7*	*8*	*9*	*10*	*11*	*12*	*13*	*14*
Entiende las órdenes y sigue instrucciones simples (por ejemplo, ponte los zapatos)			👣	👣	👣	👣	👣	👣
Disfruta comprobando la relación causa-efecto, por ejemplo enciende y apaga la luz o hace salir de su caja un juguete con resorte			👣	👣	👣	👣	👣	👣
Empuja juguetes como su carrito de la compra, su cortacésped o su tren			👣	👣	👣	👣	👣	👣
Imita las voces de los animales: la vaca hace «muu», el perro hace «guau guau»			👣	👣	👣	👣	👣	👣

IMPORTANTE: cada bebé se desarrolla de manera diferente. Estas habilidades pueden aparecer incluso en el último período citado en la tabla, y seguirán encontrándose dentro de los límites normales.

Logros del bebé

Cuando su hijo entre en el estadio de la deambulación, habrá adquirido las siguientes habilidades:

- Puedo ponerme de pie y sentarme sin ayuda; cuando estoy de pie, tengo los pies bien extendidos y estirados hacia delante, aprieto bien mis nalgas y mis piernas están separadas unos catorce centímetros entre sí.
- Puedo arrodillarme apoyado contra una mesa con las nalgas contraídas, bien prietas (directamente bajo mis hombros), con las piernas y las rodillas bien juntas durante como mínimo un minuto.
- Puedo gatear escaleras arriba y escaleras abajo.
- Puedo permanecer de pie durante treinta segundos y jugar.
- Puedo montar en un juguete con ruedas o en un caballito mecedor, manteniendo mi equilibrio con ambos pies extendidos sobre el suelo y utilizando movimientos alternantes con ambas piernas para impulsarme hacia delante.
- Puedo entender órdenes o instrucciones simples (por ejemplo, coge la pelota).
- Invierto menos tiempo introduciéndome objetos en la boca, y más tiempo manipulándolos con las manos.
- Imito los sonidos y los gestos; por ejemplo, diré «muu» como una vaca o fingiré que estoy conduciendo un coche.

«¿Puede decirme por qué...?»
Respuestas a las preguntas que con frecuencia plantean los padres

Cuando se pone de pie, mi bebé siempre lo hace de puntillas, ¿es normal?

Si sólo lo hace de vez en cuando, es del todo normal y le ayuda a desarrollar el arco del pie. Si su bebé *siempre* se pone de puntillas, y tiene dificultades para ponerse de pie con los pies bien estirados, coméntelo con su pediatra en la próxima visita. Algunos bebés tienen los músculos del talón muy tensos y se ponen de puntillas para evitar una caída hacia atrás. Es importante intervenir antes de que esto se convierta en un hábito.

Mi bebé todavía no habla, ni siquiera dice «mamá».

Cuando lea cuentos a su hijo, señale lo que le está leyendo e interaccione con él durante la lectura; por ejemplo, pregúntele «¿dónde está el conejo?» y espere que responda mirando al dibujo y, cuando lo haga, elógielo. Además, muéstrele dibujos y después compárelos con los objetos que hay por toda la casa. Todas estas técnicas le ayudarán a establecer una relación entre las palabras y los objetos.

Repítale sonidos y demuéstreselos y anime a su bebé a expresarlos cantando, por ejemplo, «E-I-E-I-O». Espere pacientemente a que le conteste. Puede necesitar unos tres minutos para reaccionar. Repita cualquier sonido que emita el bebé y después espere hasta que haga otro, de modo que «mantengan una conversación». Asimismo, cuando su hijo desee algo, anímelo a pedirlo. Por ejemplo, si usted se da cuenta de que su hijo quiere comer una galleta, dígale «dile a mamá que quieres una galleta» y espere. Si su hijo emite *cualquier sonido*, elógielo y recompénsele con una galleta.

Diversos estudios demuestran que cuanto más se habla y se lee a un niño, mayores son las probabilidades de que adquiera unas buenas habilidades de lenguaje. Sin embargo, algunos bebés simplemente tardan más en hablar que otros y la mayoría de las veces son niños por completo normales.

Cuando está de pie, mi bebé no sabe apoyar el peso de su cuerpo en sus piernas y pies; le flaquean las piernas y se cae rápidamente.

Habitualmente ésta es una característica de los bebés con bajo tono muscular o hipotonía. Los ejercicios descritos en el capítulo 4, «Puedo incorporarme y sentarme», ayudarán a su bebé a desarrollar una mayor estabilidad de los músculos de la cadera y la espalda. Además, conviene que su hijo juegue acostado boca abajo. Juegue con él al juego de «hacer un bocadillo»: ponga al bebé apoyado contra la pared y ponga sus rodillas delante de él, presionando su cuerpo para que no se caiga. Asegúrese de que el niño mantiene las piernas juntas y las rodillas bien rectas. Pregunte a su médico si pueden serle útiles unos zapatos altos que le sujeten firmemente los tobillos.

Si el problema persiste, el pediatra la mandará a un fisioterapeuta. También debe consultar a su médico si su bebé permanece de pie sosteniéndose con una sola pierna, como una grulla. Esto sugiere un desequilibrio del desarrollo del tono muscular o de la musculatura que puede mejorar con la fisioterapia.

Mi bebé siempre desea que le sujete la mano y no se pone de pie sin ayuda.

Trate de ayudar a su bebé a sentirse más cómodo, pero no lo obligue a ponerse de pie hasta que esté preparado. El objetivo es estimular a su bebé, pero no presionarle. Cuando su bebé esté preparado, se pondrá de pie sin ayuda. Practiquen algunos ejercicios como «Permanezco de pie apoyado contra la pared», «Permanezco de pie mientras me abrazas» y «Permanezco de pie mirándome al espejo».

Otro truco que puede ser útil para que pierda el miedo es el «juego del tira y afloja». Utilizando una manta o toalla, sujete un extremo de la manta y deje que el niño tire del otro. Su bebé ha de dirigir el juego, por lo que debe dejar que «la arrastre».

Además, mientras esté de pie haga que su hijo juegue con ambas manos. Por ejemplo, muéstrele cómo poner cartas en una caja con una ranura en la tapa. Cuando sus manos estén ocupadas y su cerebro esté entretenido tratando de dominar el juego, es posible que no se dé cuenta de que se sostiene de pie por sí solo.

Mi bebé parece muy activo. Siempre está sacando juguetes de las estanterías y abriendo y cerrando puertas. ¿Tengo un hijo hiperactivo?

Probablemente su hijo es un niño activo y normal, que está a punto de empezar a andar. La mayor parte de los bebés pueden mantener la atención durante unos tres a cinco minutos para jugar o escuchar cuentos que les gustan. Las actividades como sacar juguetes de las estanterías o abrir y cerrar puertas representan una exploración y no corresponden a un estado de hiperactividad. No obstante, es importante que estructure las actividades de un bebé muy «atareado». Anime a su bebé a jugar con un muñeco durante al menos tres a cinco minutos, aumente gradualmente el tiempo y limite el número de juguetes que le ofrece; de lo contrario, puede atolondrarle. Cambie de juguetes cada varias semanas con preferencia a sacárselos todos de golpe. Es aconsejable que su bebé disponga de su propio cajón o estantería para guardar los juguetes de modo que pueda sacarlos y poco después volverlos a poner.

Capítulo 7

Puedo andar

¡Felicidades!, están ustedes celebrando el primer cumpleaños de su hijo. A esta edad, casi todos los bebés empiezan a dar sus primeros pasos y son cada día más independientes. Su hijo ya se pone de pie y da sus primeros pasos, siempre que usted le coja de la mano o ambas manos; asimismo, también puede emplear una o dos palabras. Además puede incorporarse solo para ponerse de pie y después sentarse de nuevo, sin su ayuda, solamente apoyándose a un mueble.

A esta edad el bebé probablemente habrá dejado de introducirse en la boca cualquier objeto que encuentra, porque se ha vuelto más «sofisticado» y prefiere manipular, explorar y curiosear todos sus juguetes. Sabe muy bien lo que quiere, y pide un objeto señalándolo con el dedo. Si tiene hambre, puede dirigirse hasta el frigorífico y cuando haya terminado de comer, puede decir «estoy», o tirar la comida o incluso su plato. Le gusta mucho llenar cubos de agua o arena y después vaciarlos, para... ¡volverlos a llenar!

En algún momento en torno a esta edad, que puede ser tan temprano como los ocho meses o tan tarde como los dieciocho, su hijo empezará a dar sus primeros pasos. Esto representa un logro muy emocionante para su hijo. Andar le abre un mundo que es por completo nuevo para un bebé, y también es un estadio fascinante para sus orgullosos padres. Sin embargo, ha de saber que cada niño se desarrolla a su propio ritmo por lo que respecta a esta habilidad. De todos modos, puede ayudar mucho a su hijo practicando una serie de ejercicios que desarrollen su sentido del equilibrio y el tono muscular del bebé, de modo que sea capaz de andar con habilidad y seguridad en sí mismo.

Algunos bebés se muestran muy inseguros cuando empiezan a andar y necesitan un poco de estímulo para poder dar los primeros pasos. Aconsejo a los padres que en lugar de ayudar a andar a su hijo sosteniendo sus brazos levantados, lo animen a montarse en un juguete con ruedas o a empujar una silla, porque esto contribuye a desarrollar su independencia y la seguridad en sí mismo e imbuye al niño la idea de que «quizá mañana pueda andar sin ayuda». Por otra parte, algunos bebés tienen unos pies muy sensibles y, por esta razón, pueden mostrarse reacios a dar los primeros pasos. Si a su bebé no parece gustarle que le toquen las plantas de los pies, ayúdele a acostumbrarse a esta sensación animándolo a ponerse de pie y a gatear sobre una alfombra o sobre el césped o la arena, o cualquier superficie mullida. También pueden ser de ayuda juegos en los que usted le toca los pies con una toalla o aquellos juegos en los que su hijo tenga que apoyar bien los talones en el suelo.

Sin embargo, ha de tener paciencia si su hijo se contenta con gatear durante algunas semanas más. Nunca se debe dar prisa a un niño para que ande y un bebé que ya gatea ni mucho menos está perdiendo el tiempo, sino que está aprendiendo las habilidades necesarias para llegar a andar bien, que se describen a continuación:

1. Sentido del equilibrio: su hijo debe ser capaz de sostener el equilibrio automáticamente y recuperar su postura erguida cuando el peso de su cuerpo se desplaza hacia uno u otro lados, hacia delante o hacia atrás. Ha de ser capaz de adaptarse a los cambios de posición sin contratiempos y rápidamente.

2. Alineación: para andar es necesario que el niño mantenga la espalda bien recta, las nalgas debidamente entradas y la cabeza,

hombros y caderas bien alineados, al tiempo que mantiene sus pies separados.

3. Desplazamiento del peso de su cuerpo: su hijo debe ser capaz de levantar una pierna, desplazando todo su peso hacia el lado contrario de su cuerpo, y conservar el equilibrio al mismo tiempo que mantiene la postura erguida.

4. Reacciones protectoras: su hijo continúa perfeccionando estas reacciones, que le permiten utilizar sus brazos rápida y constantemente para cogerse a sí mismo y protegerse de posibles percances si cree que está a punto de perder el equilibrio y caer.

Todas estas habilidades se desarrollan a ritmos diferentes para cada niño. Prepare a su hijo con los ejercicios que se describen a continuación, y después ármese de paciencia, ya que todo llegará. Y asegúrese de que tiene película en su cámara de cine o de vídeo a fin de que esté lista para dejar a la posteridad los primeros pasos del bebé.

HABILIDADES DEL BEBÉ PARA EMPEZAR

Antes de practicar los ejercicios descritos en este capítulo, es preciso que su hijo haya adquirido las habilidades siguientes:

- Puedo dar vueltas alrededor de una mesa, apoyándome de manera intermitente y puedo soltarme y sostenerme de pie sin ayuda durante como máximo unos cinco segundos.
- Puedo sostenerme de pie con los pies bien estirados y no desviados hacia dentro o hacia fuera o doblados al nivel de los tobillos, con las nalgas bien contraídas y mis piernas separadas a una distancia aproximada a la que hay entre mis hombros, y coger un objeto del suelo.
- Puedo andar una distancia corta mientras una persona me da la mano o, mejor, si me dan las dos manos.
- Puedo sostenerme de pie, manteniendo los pies bien estirados y hacia delante.
- Puedo sostenerme de pie, bien recto sin que se me doblen las rodillas.
- Cuando estoy de pie puedo sentarme sin ayuda.
- Cuando estoy sentado puedo ponerme de pie sin que nadie me ayude.
- Puedo jugar poniéndome en cuclillas.

NOTA: durante la práctica de los ejercicios que se describen a continuación, no deje que su hijo sufra una caída, ya que en este período está desarrollando su confianza y seguridad en sí mismo, y una caída podría hacerle sentir miedo.

Ejercicios

Levanto una pierna: doy vueltas

HABILIDADES QUE DESARROLLA

- Andar de lado.
- Levantar un pie y dar algunos pasos sobre objetos, como preparación para andar.

MATERIAL

- Una mesa baja.
- Una pequeña almohada o un soporte de seis a ocho centímetros de ancho.
- Un juguete.

EJERCICIO

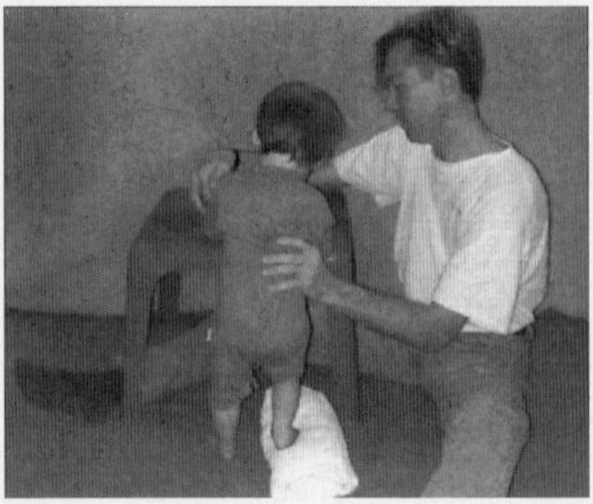

- Empiece este ejercicio poniendo a su hijo de pie junto a una mesa baja. Siéntese detrás de su hijo y con una mano sosténgale las nalgas. Asegúrese de que sus piernas están bien separadas y sus pies bien estirados, y no flexionados ni desviados hacia dentro o hacia fuera. Ponga la almohada o el soporte entre las piernas de su hijo.
- Ponga un juguete sobre la mesa a una distancia de unos seis u ocho centímetros de un lado de su hijo, de modo que tenga que dar un paso en esta dirección, andando sobre la almohada o el soporte, para coger el juguete. Gradualmente levante la pierna de su hijo, si al principio necesita ayuda para dar el primer paso.
- Deje que su hijo juegue durante un minuto y después ponga el juguete al otro lado del bebé, y repita el ejercicio.

Empujo una silla

HABILIDADES QUE DESARROLLA

- Saber adelantar el peso de su cuerpo.
- Estirar bien los brazos hacia delante. Esto ayudará a su hijo a proteger su cabeza en el caso de que pierda el equilibrio.

MATERIAL

- Una silla baja, una banqueta con ruedas o una pelota de goma, que sea grande.

EJERCICIO

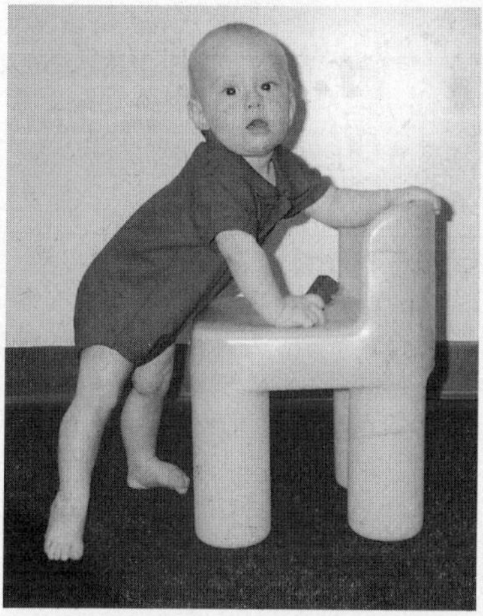

- Ponga a su hijo en una postura erguida apoyado contra una silla, banqueta o una pelota. Siéntese cerca de él y asegúrese de que está bien derecho, con los pies bien estirados y las piernas separadas a una distancia aproximada de la anchura entre sus hombros.
- Permanezca cerca de su hijo de modo que pueda apoyarse en usted si es necesario para evitar una caída y, de paso, corrija la alineación de sus pies.
- Ayude a su hijo a empujar la silla, banqueta o pelota hacia delante. Gradualmente disminuya la ayuda que le provee, a medida que su hijo aprenda a jugar y sostenerse por sí solo.

CONSEJO 1: para niños que pesan poco, puede sustituirse la silla por una caja de cartón.

CONSEJO 2: podrá comprobar mejor la alineación de los pies de su hijo si para hacer este ejercicio el bebé no lleva zapatos. Sin embargo, si los tobillos de su bebé todavía son débiles o flexiona mucho sus pies, es preferible que para hacer este ejercicio lleve unos zapatos que le provean apoyo. Esto es importante para evitar que en el futuro su hijo sufra de pies planos.

Empiezo a dar los primeros pasos

HABILIDADES QUE DESARROLLA

- Sentirse cómodo con un pie extendido hacia delante y el otro hacia atrás, postura que es necesaria para que pueda andar.
- Práctica del desplazamiento del peso hacia delante, al tiempo que mantiene las nalgas contraídas.

MATERIAL

- Una pared para poder apoyarse.

EJERCICIO

- Póngase a unos cinco centímetros frente a su hijo o a su lado.
- Ponga a su hijo de pie con las nalgas apoyadas a la pared.
- Con la mano apoyada al costado del bebé proporciónele apoyo.
- Con cuidado, extienda una de las piernas de su hijo hacia delante, al tiempo que la otra pierna permanece detrás. Sus pies deben estar separados unos seis a ocho centímetros.
- Mantenga esta posición durante tres o cinco segundos y después aumente el tiempo hasta treinta segundos. Mientras practiquen este ejercicio, canten una canción.

NOTA: en este ejercicio, la pierna que se extiende hacia atrás sostiene prácticamente todo el peso de su cuerpo, de modo que conviene que con su mano le proporcione apoyo en este lado (por ejemplo, si la pierna que se extiende hacia atrás es la izquierda, proporciónele apoyo al costado izquierdo).

Chuto la pelota

HABILIDADES QUE DESARROLLA

- Levantar una pierna mientras se sostiene de pie apoyándose con la otra pierna, como preparación para andar.
- Desarrollar reacciones perfeccionadas para recuperar el equilibrio mientras se sostiene de pie.

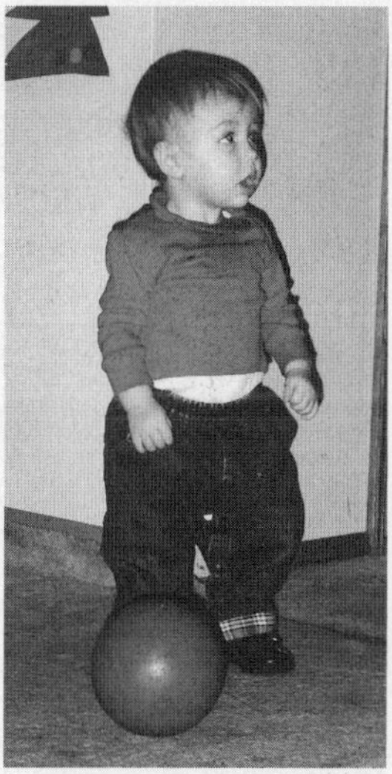

MATERIAL

- Una pared con un espacio abierto con el suelo cubierto por una alfombra o moqueta.
- Una pelota de plástico muy ligera, de unos veinticinco centímetros de diámetro.

EJERCICIO

- Ponga a su hijo de pie con las nalgas bien apoyadas a la pared. Asegúrese de que sus piernas están bien separadas y de que tiene los pies completamente extendidos y no girados hacia dentro o hacia fuera.
- Siéntese junto a su hijo y **asegúrese de proporcionarle apoyo en la rodilla y la cadera de la pierna que el bebé no utilizará para lanzar la pelota**, de modo que mantenga la pierna bien recta para no caerse cuando levante la otra pierna con el objetivo de lanzar la pelota.
- Ponga la pelota tocando los pies del bebé.
- Anime a su bebé a lanzar la pelota con el pie, utilizando la pierna derecha y sosteniéndose de pie con la otra pierna.
- Repita el ejercicio, pero esta vez haciendo que su hijo lance

la pelota con la pierna izquierda al mismo tiempo que se sostiene de pie con la pierna derecha.

¡Mira qué alto soy!

HABILIDADES QUE DESARROLLA

- Desplazar el peso de su cuerpo y mantener el equilibrio mientras se sostiene de pie.
- Levantar una pierna y permanecer en una postura bien erguida mientras lo está vistiendo.

MATERIAL

- La ropa del bebé, lista para ponérsela.

EJERCICIO

- Ponga a su bebé de pie y siéntese detrás de él utilizando una pared como apoyo para una mayor estabilidad, si es necesario. Los pies y las piernas del bebé han de estar bien rectos y a una distancia no superior a los doce centímetros.
- Anime a su bebé a sostenerse de pie mientras lo está vistiendo. Cuando le ponga el jersey, estírelo hacia delante, de modo que su bebé extienda la cabeza hacia delante más que hacia atrás. Anime a su hijo a levantar las piernas cuando le pone los pantalones y los calcetines a medida que se sienta más seguro mientras se sostiene de pie.

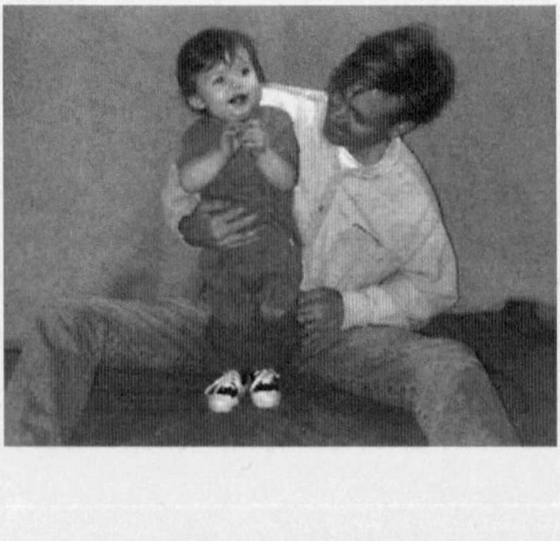

A continuación se muestra una tabla de progresos que puede utilizar como seguimiento del desarrollo motor del bebé. Si su hijo es un prematuro o sufre un retraso del desarrollo, algunas o todas estas habilidades aparecerán más tarde de lo que se recoge en la tabla.

Habilidades motoras del bebé

Mes	*9*	*9,5*	*10*	*10,5*	*11*	*11,5*	*12*	*12,5*	*13*	*13,5*	*14*	*14,5*	*15*
Se sostiene de pie apoyado en una pelota o una silla	👣	👣	👣	👣	👣	👣	👣	👣	👣	👣	👣	👣	👣
Empuja una silla alrededor de su habitación		👣	👣	👣	👣	👣	👣	👣	👣	👣	👣	👣	👣
Levanta la pierna para esquivar un objeto cuando da vueltas alrededor de un mueble		👣	👣	👣	👣	👣	👣	👣	👣	👣	👣	👣	👣
Cuando se inclina hacia atrás estira los dedos de los pies			👣	👣	👣	👣	👣	👣	👣	👣	👣	👣	👣
Se mantiene de pie y empuja una gran pelota, se sostiene de pie sin ayuda y juega a cogerla				👣	👣	👣	👣	👣	👣	👣	👣	👣	👣
Cuando se le inclina suavemente hacia delante, se da la vuelta de puntillas				👣	👣	👣	👣	👣	👣	👣	👣	👣	👣
Levantará una pierna y lanzará una pelota cuando se sostiene de pie apoyado a la pared					👣	👣	👣	👣	👣	👣	👣	👣	👣

Mes	***9***	***9,5***	***10***	***10,5***	***11***	***11,5***	***12***	***12,5***	***13***	***13,5***	***14***	***14,5***	***15***
Anda mientras papá o mamá le sujetan la mano					👣	👣	👣	👣	👣	👣	👣	👣	👣
Se sostiene de pie con un pie hacia delante y el otro hacia atrás					👣	👣	👣	👣	👣	👣	👣	👣	👣
Anda una distancia corta (uno o dos pasos) entre muebles						👣	👣	👣	👣	👣	👣	👣	👣
Se sostiene de pie sin ayuda y es capaz de mantener el equilibrio mientras se le viste							👣	👣	👣	👣	👣	👣	👣
Dará un paso hacia delante o hacia atrás para conservar el equilibrio							👣	👣	👣	👣	👣	👣	👣

IMPORTANTE: cada niño se desarrolla de manera diferente. Estas habilidades pueden aparecer incluso en el último período citado en la tabla, y seguirán encontrándose dentro de los límites normales.

Aprendizaje y juegos

A esta edad, uno de los juegos favoritos del niño es esconderse de papá o mamá, hacer girar hacia atrás y hacia delante una pelota con la ayuda de otra persona, e imitar cualquier gesto y los ruidos y sonidos de su vida cotidiana. Un niño de un año también lo pasa muy bien jugando solo con sus juguetes o con objetos tan familiares como cualquier cacharro, cacerolas, etcétera. Comprende las órdenes muy simples; por ejemplo, ya puede entender qué significa «sácate los zapatos» y, si su mamá se lo pide, lo hará. A esta edad, los juegos ideales para el bebé son los juegos de construcciones, el juego de esconderse y reaparecer («cucú, ¿está?»); también lo pasa muy bien encendiendo y apagando la luz y abriendo y cerrando puertas. Empieza a entender algunos conceptos como dentro/fuera, arriba/abajo, cerca/lejos, abierto/cerrado, de modo que es conveniente que siempre que pueda los introduzca en sus juegos y asimismo cuando le lea cuentos.

La lectura ayudará a un bebé que ya ha cumplido el año a desarrollar la comprensión de los verbos, por lo que conviene que empiece a enseñarle a clasificar y a catalogar objetos (por ejemplo, «cosas para comer» y «cosas que se mueven»), e introducirle en conceptos como el tamaño e idéntico/diferente (por ejemplo, grande/pequeño, caliente/frío, blando/duro y seco/mojado). La lectura también le brinda la oportunidad de practicar sus habilidades auditivas y de memoria.

Los mejores libros para esta edad

- Libros musicales que toquen canciones conocidas.
- Libros con pegatinas de plástico reutilizables.
- Libros con botones que el bebé puede pulsar, los cuales ayudan al bebé a analizar las similitudes y las diferencias.
- Juegos de ordenador, ya que incluso a esta edad el bebé puede utilizar el ratón del ordenador para encontrar dibujos ocultos o globos que estallan en un juego de ordenador, lo que es una forma excelente de introducir a su hijo en el concepto de causa-efecto.

JUGUETES/MATERIAL

Un tren con ruedas, o un carrito provisto de un asa, que le ayudará a dar los primeros pasos

Habilidades que desarrolla

1. Enseña al niño a mover las piernas por separado.
2. Mejora su sentido del equilibrio.
3. Desarrolla los arcos del pie y las reacciones para conservar el equilibrio mientras se sostiene de pie. Los arcos del pie son el resultado de la colocación de los huesos del pie según las cargas y los ligamentos que los soportan, así como de los músculos. Existen cuatro arcos longitudinales y cuatro arcos transversales que contactan con el suelo en su parte externa.
4. Mejora la percepción de la profundidad y las habilidades de planificación motora.

Autobús escolar con niños

Habilidades

1. Enseña al niño relaciones espaciales.
2. Mejora la coordinación óculo-manual.
3. Estimula las habilidades de imitación.
4. Enseña conceptos como delante/atrás, en marcha/parado, abierto/cerrado, dentro/fuera.

Tentetieso hinchable

Habilidades

1. Enseña al niño la relación causa/efecto.
2. Mejora el sentido del equilibrio.
3. El niño se divierte sujetando y soltando el tentetieso.
4. Mejora la coordinación óculo-manual y las habilidades de planificación motora.

Patito con ruedas

Habilidades

1. Aumenta la fuerza de los grandes grupos de músculos, en especial los de los hombros, brazos y caderas.
2. Mejora la sensación de equilibrio.
3. Desarrolla los arcos del pie y la alineación de los pies.
4. Enseña al niño habilidades de planificación motora, ya que el niño aprende los movimientos musculares necesarios para hacer que el pato se mueva.

Otros juegos

Es aconsejable que adquiera juguetes que mejoren la memoria auditiva y la capacidad para mantener la atención del bebé; que le enseñen el concepto de permanencia de objeto, es decir, que un objeto sigue estando presente aunque no pueda verlo, al igual que juguetes que enseñen al niño a discriminar cada uno de los objetos de los dibujos que ve.

Me voy de compras

HABILIDADES QUE DESARROLLA

- Sostenerse de pie sin ayuda.
- Sostenerse de pie estirando los brazos hacia delante para proteger su cabeza en el caso de que su hijo se dé cuenta de que pierde el equilibrio.
- Empujar un juguete mientras se sostiene de pie.

MATERIAL

- Un carrito de la compra de juguete, o un carrito de médico, provisto de ruedas (también pueden hacer el ejercicio con una caja de cartón).
- Al principio, para una mayor estabilidad ponga en el carrito o en la caja un libro voluminoso, como el listín de teléfonos.
- El osito, la muñeca o el juguete favorito de su hijo.

EJERCICIO

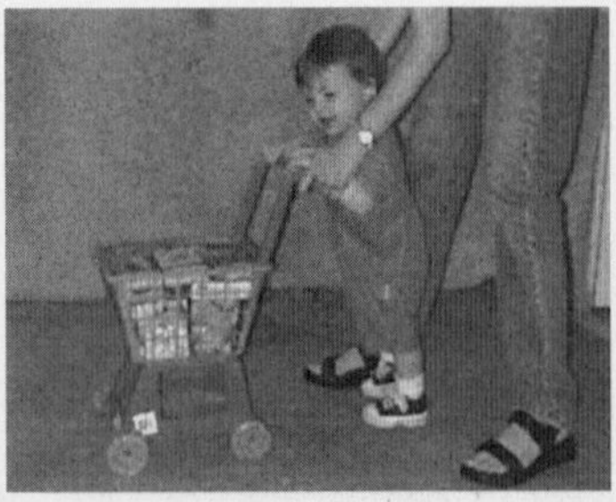

- Ponga a su hijo de pie frente al carrito o la caja de cartón. Con sus manos debe proporcionarle apoyo según sea necesario para una mayor estabilidad.
- Una vez que el niño se sienta cómodo mientras permanece de pie apoyado al carrito, deje que lo haga sin ayuda.

- Anime a su hijo a introducir muñecos en el carrito y a empujarlo hacia delante y hacia atrás.
- Trate de que su hijo empuje el carrito por toda la habitación y, acto seguido, que dirija el carrito hasta apoyarlo contra la pared para una mayor estabilidad si nota que su hijo siente miedo cuando hace este ejercicio.

NOTA: no haga este ejercicio si el niño no ha adquirido un buen sentido del equilibrio cuando se sostiene de pie.

A continuación se muestra una tabla de progresos que puede utilizar para seguir las habilidades de aprendizaje de su hijo. Si su bebé es un prematuro o padece un retraso del desarrollo, algunas o todas estas habilidades aparecerán más tarde de lo que se recoge en la tabla.

Habilidades de aprendizaje del bebé

Mes	*9*	*9,5*	*10*	*10,5*	*11*	*11,5*	*12*	*12,5*	*13*	*13,5*	*14*	*14,5*	*15*
Lo pasa muy bien empujando juguetes o cajas alrededor de su habitación	👣	👣	👣	👣	👣	👣	👣	👣	👣	👣	👣	👣	👣
Se divierte abriendo y cerrando puertas, cajones, etcétera	👣	👣	👣	👣	👣	👣	👣	👣	👣	👣	👣	👣	👣
Se divierte escondiéndose detrás de la puerta	👣	👣	👣	👣	👣	👣	👣	👣	👣	👣	👣	👣	👣
Explora sonidos y ritmos, toca el tambor y sacude con fuerza un sonajero	👣	👣	👣	👣	👣	👣	👣	👣	👣	👣	👣	👣	👣
Se señala las partes de su cuerpo; la nariz, el pelo, barriga y los dedos de los pies	👣	👣	👣	👣	👣	👣	👣	👣	👣	👣	👣	👣	👣
Entiende el significado de parar/moverse		👣	👣	👣	👣	👣	👣	👣	👣	👣	👣	👣	👣
Monta en un juguete bajo de tres ruedas		👣	👣	👣	👣	👣	👣	👣	👣	👣	👣	👣	👣
Construye torres de dos o más pisos			👣	👣	👣	👣	👣	👣	👣	👣	👣	👣	👣
Juega a esconder y a encontrar («cucú, ¿está?») cuando se le hace una demostración del juego o alguien se lo pide			👣	👣	👣	👣	👣	👣	👣	👣	👣	👣	👣

Mes	*9*	*9,5*	*10*	*10,5*	*11*	*11,5*	*12*	*12,5*	*13*	*13,5*	*14*	*14,5*	*15*
Lo pasa bien con actividades de dos tiempos (por ejemplo, dar de comer y bañar a su muñeca, cargar y descargar un camión)			👣	👣	👣	👣	👣	👣	👣	👣	👣	👣	👣
Emite el primer sonido de las palabras (»pa» para papá, «ma» para mamá, «gua», para perro)			👣	👣	👣	👣	👣	👣	👣	👣	👣	👣	👣
Imita inclinaciones de la cabeza (para decir sí) y sacudidas de cabeza para decir no), y agita la mano para decir «adiós»							👣	👣	👣	👣	👣	👣	👣

IMPORTANTE: cada bebé se desarrolla de manera diferente. Estas habilidades pueden aparecer incluso en el último período citado en la tabla, y seguirán encontrándose dentro de los límites normales.

Logros del bebé

En el estadio de dar los primeros pasos, su bebé tiene que haber adquirido las siguientes nuevas habilidades:

- Puedo sostenerme de pie con las nalgas apoyadas contra la pared y un pie delante del otro; puedo levantar una pierna del suelo y lanzar una pelota.
- Cuando me inclino hacia atrás mientras estoy de pie, puedo doblar mi barbilla, estirar mis brazos hacia delante y levantar los pies para conservar el equilibrio.
- Me pueden vestir mientras me sostengo de pie, sin que apenas necesite apoyarme.
- Puedo levantar una pierna hacia un lado mientras mantengo mi equilibrio y estabilidad con la pierna contraria. Puedo andar de lado a lo largo de una pared, sin ayuda.
- Mientras me sostengo de pie, puedo agacharme, coger un juguete e introducirlo en una caja que esté a la altura de mi cintura.
- Puedo entender alrededor de cincuenta a cien palabras de las que utiliza mamá.
- Puedo relacionar los objetos con los dibujos, por ejemplo si me muestran el dibujo de una silla, puedo señalar una silla de la habitación.
- Puedo entender el significado de términos opuestos como caliente/frío, grande/pequeño, encendido/apagado y arriba/abajo.
- Puedo comprender órdenes simples de dos tiempos, por ejemplo, «ponte los calcetines y los zapatos», y puedo imitar una secuencia de dos a tres tiempos de una canción.

«¿Puede decirme por qué...?»

Respuestas a las preguntas que con frecuencia plantean los padres

Mi hijo puede sostenerse de pie, y anda cuando le cojo de la mano, pero todavía no anda sin ayuda; al contrario, cuando lo intenta, se echa a llorar y se sienta.

Los bebés sólo empiezan a andar cuando han adquirido el suficiente sentido de equilibrio y fuerza muscular para hacerlo, y han desarrollado las denominadas «reacciones protectoras», de modo que puedan cogerse a sí mismos si pierden el equilibrio. Recuerde que hasta los catorce o quince meses el bebé sólo andará mientras se le coge de la mano. Es necesario que dé a su hijo el tiempo suficiente para desarrollar estas habilidades. Anime a su hijo a jugar montado en un juguete o a empujar un juguete con ruedas, ya que esto le ayudará a desarrollar una mayor confianza y seguridad en sí mismo y un mayor sentido del equilibrio. También es aconsejable que ande con su hijo dándole la mano constantemente. O hágale andar al mismo tiempo que permanece muy cerca de él, animándolo a dar solamente un paso hacia usted.

Aunque es una buena idea animar a su hijo para que ande, no debe presionarle. Algunos niños van más deprisa que otros. El aprendizaje para andar se extiende entre los ocho y los dieciocho meses. Es conveniente que hable con el pediatra de su hijo, ya que un examen contribuirá a descartar cualquier problema físico que pueda retrasar la deambulación.

Mi bebé ha aprendido a trepar y me preocupa el peligro que corre, en especial cuando se sube hasta el alféizar de la ventana o sobre una mesa. ¿Qué puedo hacer, además de prohibírselo?

Algunos bebés, en especial los niños, parecen impulsados a trepar. Si es posible, ponga una escalera de cuerda o un tobogán en un área cerrada de su dormitorio de modo que su hijo pueda trepar y deslizarse por él varias veces al día. O puede amontonar un buen número de almohadas sobre una superficie blanda de modo que su hijo pueda trepar a placer.

Trate de evitar decirle no cuando su hijo esté en plena actividad. En lugar de ello, dígale «basta» o «peligro». Y después ofrézcale una alternativa menos arriesgada. Por ejemplo, déle una caja de cartón con una puerta recortada en su interior y dígale: «¿puedes trepar hasta su interior?» o deje que trepe por un gran almohadón o un colchón de lana. No le deje utilizar colchones, sillones o almohadas rellenos de cuentas de poliestireno porque, en caso de agujerearse, el bebé podría asfixiarse con ellas.

Mi hijo todavía no habla. Para mostrarme lo que quiere, balbucea, lo señala con el dedo o tira de mí. ¿Cómo puedo estimularle para que hable? Tanto mi hijo como yo nos sentimos cada vez más decepcionados.

Hágale un pequeño dibujo que muestre sus juguetes, animales, alimentos y personas favoritas. O bien recorte dibujos o fotografías de las revistas. Lean juntos este «libro» y durante su lectura hágale preguntas. Por ejemplo: «mira este animal, ¿qué es?». Espere pacientemente a que su hijo le conteste (puede necesitar varios minutos) y cuando el bebé haga cualquier intento de hablar, elógielo y felicítelo calurosamente.

Además, cuando su hijo balbucee en un intento de obtener el objeto deseado, es aconsejable que usted haga como si no le entendiera. Dígale: «prueba de nuevo, no entiendo lo que quieres decir». Si la segunda vez lo expresa siquiera *un poco* más claramente, déle lo que le pide. Primero, hágalo solamente con unos pocos objetos de modo que su hijo no se sienta demasiado frustrado.

Mi hijo anda fácilmente alrededor de la mesa, pero no puede andar sin apoyarse o sin que le dé la mano. ¿Cuál es la razón?

Su hijo puede sostenerse de pie apoyado contra una mesa sin tener que desplazar el peso de su cuerpo hacia los lados y hacia atrás. Para que pueda andar solo, debe ser capaz de mantener sus nalgas bien contraídas y de mantener su equilibrio cuando se mueve hacia delante y hacia atrás. La mayor parte de los bebés se sostienen de pie apoyados a una mesa y pueden dar vueltas a su alrededor unos dos o tres meses antes de que aprendan a andar sin ayuda.

Capítulo 8

Pies, pies, pies

¿Por qué razón dedicamos un capítulo especial a los pies? La razón es simple: unos pies bien desarrollados y bien rectos ayudarán a su hijo a gatear, a sostenerse de pie y a andar correctamente. Por otra parte, un buen desarrollo del pie de su bebé creará el marco para que goce de unos pies saludables durante toda la vida, ya que, de lo contrario, más adelante su hijo puede tener problemas, no solamente de los pies, sino de las piernas y la espalda.

Su hijo puede sostenerse de pie y andar mucho más cómodamente y con una mayor resistencia si sus pies están alineados correctamente y tiene unos arcos plantares fuertes que proveen un buen soporte a sus tobillos. Una buena estabilidad y alineación de los pies también pueden protegerle frente a futuros problemas de la espalda y de la cadera en la edad adulta. Con independencia de que desee aprender ballet, a jugar al baloncesto o al tenis, su agilidad y coordinación cuando sea mayor dependerán en parte de lo fuertes y bien desarrollados que estén sus pies.

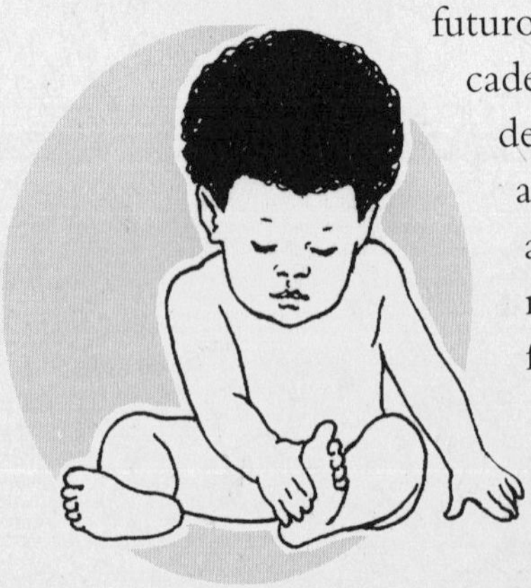

A partir de esta edad, su hijo irá desarrollando cada vez más la musculatura de los pies. Le espera un trabajo muy duro, porque el pie tiene diecinueve músculos, y, además, existen doce músculos más que se extienden desde el extremo inferior de la pierna hasta el pie. El bebé ejercitará estos músculos todo el día con movimientos de rotación, saltando y levantando las piernas y jugando con los pies. Sin ninguna duda, otra forma excelente de que el niño ejercite todos estos músculos es sosteniéndose de pie y andando.

¿Zapatos o descalzo?

La mayor parte de los bebés aprenden a sostenerse de pie y a andar sin zapatos. Esto mejora las informaciones sensoriales que llegan a sus pies, proporciona a los músculos del pie la ocasión de practicar mejor numerosos ejercicios, contribuye a desarrollar las reacciones de equilibrio y ayuda a los bebés a acostumbrarse a la sensación de las diferentes superficies: una alfombra, el suelo, césped, etcétera. Por otra parte, le recomiendo que evite los calcetines, a menos que haga frío. Además de disminuir la amplitud de movimientos que pueden hacer los pies del bebé y de interferir con su equilibrio, pueden contribuir a que resbale y son peligrosos en suelos desprovistos de alfombras. Por supuesto, su hijo necesitará zapatos para proteger sus pies cuando salga a pasear puesto que el calzado tiene la misión de proteger el pie de heridas, golpes, la humedad y el frío. El pie debe poder controlar el calzado cuando el antepié está apoyado en el suelo y el talón se desplaza hasta el lado interno o el externo. El contrafuerte del talón del zapato sirve para esto. Para ser cómodo y no molestar el zapato debe quedar sujeto al pie entre el contrafuerte del talón y el empeine. La suela debe ser lo bastante flexible para permitir la flexión de las articulaciones del pie. El mejor calzado son los zapatos blandos y flexibles que permiten una adecuada circulación de aire y nunca los zapatos de goma, como el calzado deportivo. El mejor zapato para un bebé de un año es el que no lleva puntera dura ni contrafuerte, que está hecho de piel muy suave y nunca de material plástico ni goma, posee una suela blanda, de la misma piel que el corte de la parte superior. De este modo, el pie quedará protegido, al tiempo que se respeta su sensibilidad y amplitud de movimientos.

Sin embargo, si cuando su hijo se sostiene de pie tiene tendencia a desviar el pie hacia dentro, es aconsejable que le ponga zapatos. Cómprele unos zapatos altos, y consulte a su médico si es preferible que sean abotinados o que estén provistos de un soporte de arco o tacones. El zapato debe adaptarse bien a sus pies, lo que le ayudará a proveer soporte y estabilidad a sus pies y, por otra parte, impedirán un excesivo estiramiento de las articulaciones del tobillo del bebé. Asegúrese de que la anchura del zapato es la correcta y de que la parte que corresponde al talón y al tobillo es firme y se ajusta bien al pie del niño. No compre zapatos demasiado anchos porque esto hará que el pie de su hijo baile y tenga tendencia a girar dentro del zapato.

No se dispone de zapatos especiales para los niños con tendencia a desviar los pies hacia dentro o hacia fuera, pero puede contribuir a corregir este problema haciendo que su hijo practique la alineación de sus pies cuando se sostiene de pie y anda. Si observa que uno de los pies del niño se desvía hacia fuera, haga que su hijo camine en círculo con este pie por fuera del círculo. Si observa que un pie tiene tendencia a desviarse hacia dentro, haga que su hijo camine en círculo con dicho pie dentro del círculo. También puede hacer que su hijo practique la marcha en un recorrido marcado con bloques paralelos.

Algunos niños necesitan ayuda adicional en forma de alzas para el zapato. Estas alzas y otras ayudas ortopédicas deben ser prescritas por un médico y en general son reembolsadas por la Seguridad Social. Contribuyen a controlar un tono muscular demasiado alto o demasiado bajo en el pie, y pueden ayudar a prevenir las deformidades de los pies o un estiramiento o sobrecarga excesivos.

Es normal que de vez en cuando su hijo camine de puntillas, pero los bebés que caminan de puntillas la mayoría del tiempo pueden tener problemas, que fluctúan desde una rigidez excesiva de los músculos del talón hasta la hipersensibilidad. Habitualmente es un problema fácil de resolver con ejercicios de estiramiento o de desensibilización. Si su bebé camina de puntillas más de un veinticinco por ciento del tiempo, su pediatra puede derivarla a un especialista que determinará las causas y aconsejará el tratamiento adecuado de este problema.

Alineación de los pies

Es aconsejable que compruebe siempre la alineación de los pies del bebé. Cuando su hijo está sentado, acostado sobre la espalda o se sostiene de pie, ¿cuál es la postura de sus pies? ¿Tiene ambos pies desviados hacia dentro o hacia fuera? ¿Parece tener un pie siempre desviado hacia dentro? ¿Parece tener siempre los pies en garra, aferrándose firmemente con los dedos de los pies para conservar el equilibrio cuando se sostiene de pie?

Los bebés que empiezan a dar los primeros pasos a menudo desviarán los dedos hacia dentro o hacia fuera con uno o ambos pies y muchos en ocasiones también ponen los pies en garra. A medida que se sienten más cómodos con la postura de pie y al andar, y desarrollan un mejor sentido del equilibrio, la mayoría pierden estos hábitos. Sin embargo, algunos niños necesitan ayuda adicional para aprender a sostenerse de pie y a andar con los pies bien alineados.

Para determinar si su hijo presenta o no una buena alineación de los pies, puede utilizar la lista siguiente:

- Los pies de su bebé deben encontrarse bien alineados la mayoría del tiempo y no desviados hacia dentro o hacia fuera.
- La mayoría de las veces su bebé debe sostenerse de pie con los pies bien estirados, y no de puntillas.

- Su bebé ha de ser capaz de sostenerse de pie sin mirarse las rodillas, con las piernas separadas a una distancia aproximada de la anchura existente entre sus hombros.
- Los pies de su bebé no deben estar girados a la altura de los tobillos.
- Si su hijo ocasionalmente pone los dedos de los pies en garra no se preocupe, pero si lo hace siempre, debe consultarlo al ortopeda.

Si detecta algún problema, indíqueselo al pediatra. No debe esperar a que el médico detecte estos problemas sin una información previa que usted le haya dado, porque no es probable que observe a su hijo mientras éste se sostiene de pie el tiempo suficiente como para advertir algún problema. El médico le indicará si puede ser útil una intervención.

Los ejercicios del presente capítulo no pretenden sustituir una intervención profesional, pero pueden fortalecer los músculos de los pies y tobillo del bebé, contribuir a corregir unos dedos en garra, y posiblemente prevenir el desarrollo de unos pies planos, unos dedos de paloma (es decir, la desviación interna de los dedos del pie) y otras deformidades.

EJERCICIOS

Tiendo un puente

Además de desarrollar los músculos de la cadera y los glúteos, este ejercicio ayudará a fortalecer los pies del bebé y contribuirá a desarrollar unas buenas reacciones de equilibrio. Si el bebé tiene tendencia a desviar los pies hacia dentro o hacia fuera, es un buen ejercicio para llevar a cabo.

HABILIDADES QUE DESARROLLA

- Desarrollar los músculos que el bebé utiliza para conservar el equilibrio con los pies.
- Desarrollar los arcos de los pies.
- Desarrollar una tolerancia para apoyar el peso de su cuerpo en sus pies.
- Apoyar el peso de su cuerpo en los pies con una alineación adecuada.

EJERCICIO

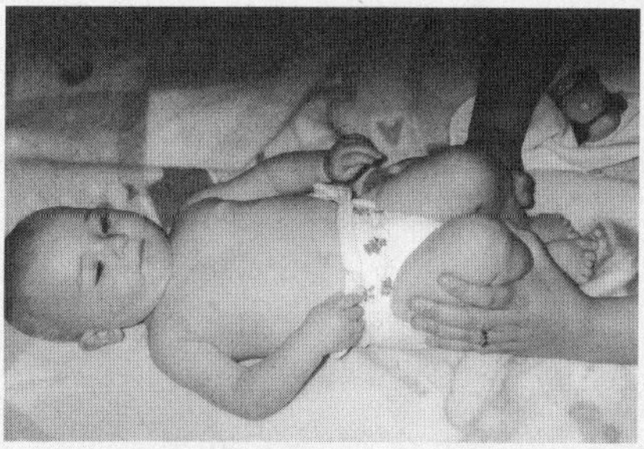

- Ponga a su hijo acostado boca arriba con la cabeza bien centrada.
- Junte las rodillas del bebé, y apoye bien sus pies en el suelo con los talones y los pies bien estirados. Proporciónele estabilidad si es necesario, hasta que el bebé sea capaz de mantener juntas las rodillas sin la ayuda de sus manos durante algunos segundos.
- Suavemente, haga bajar las piernas del niño durante cinco segundos de modo que pueda experimentar la sensación de apoyar el peso con sus pies en una buena alineación.
- Levante un pie de su hijo y después el otro y anímelo tam-

bién a levantar un pie y después el otro. Si le da un golpecito detrás de la rodilla o un golpe en la pierna que desea que levante, lo estimulará a levantarla.

Me cepillo los pies

HABILIDADES QUE DESARROLLA

- Mantener los pies bien estirados.

MATERIAL

- Un cepillo para el pelo, blando, para bebé (opcional).

EJERCICIO

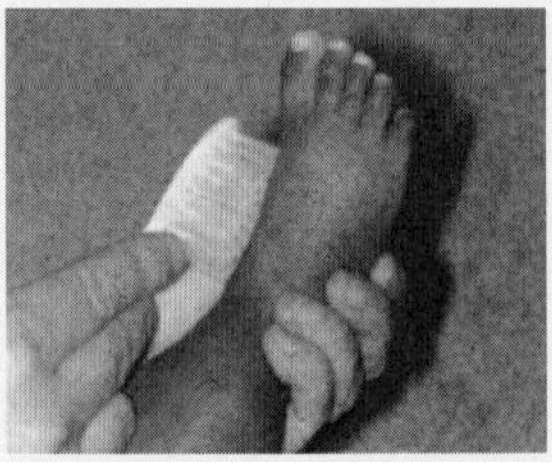

- Póngase al bebé en su regazo, mirando hacia delante y utilice una mano para sujetar su pierna, proporcionándole soporte a nivel del tobillo. Asegúrese de que esta pierna está bien estirada y no desviada hacia dentro o hacia fuera.

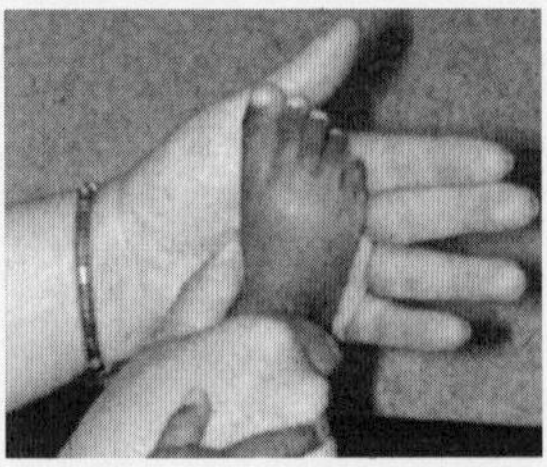

- Si **el pie de su hijo se desvía hacia fuera**, utilice su dedo pulgar, índice o un cepillo blando para el pelo para golpear el borde interno de este pie. Empiece sobre el dedo gordo del pie y continúe hasta la parte interna del talón. Una vez que el pie de su hijo esté bien alineado, mantenga esta postura de modo que se vaya acostumbrando a la sensación de tener el pie en una buena alineación.

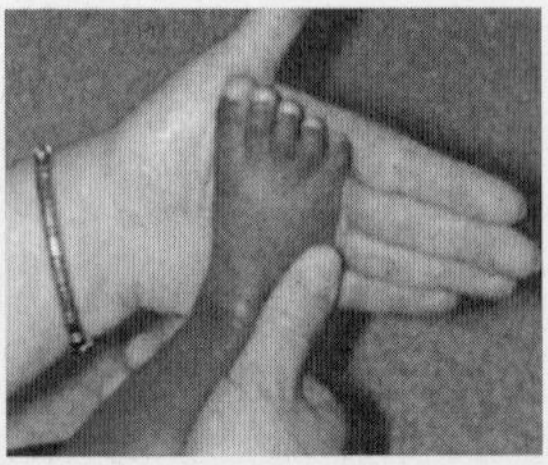

- Si **el pie de su hijo se desvía hacia dentro**, dé un golpecito en el borde externo de este pie, empezando justo detrás del dedo pequeño y continuando hasta la parte externa del talón. Una vez que el pie de su hijo se encuentre bien alineado, mantenga la posición para que su hijo se vaya acostumbrando a la sensación de tener el pie en alineación.

NOTA: evite «cepillar» o dar golpes en cualquier punto de la planta del pie.

Camino de lado

Practique este ejercicio si los pies de su bebé se desvían hacia dentro o hacia fuera.

HABILIDADES QUE DESARROLLA

- Estiramiento de los pies y andar con los pies bien alineados.

EJERCICIO

- Ponga a su hijo de pie y déle la mano como soporte, colocando uno de sus pies entre los de su hijo.
- Haga que su hijo dé vueltas alrededor de una mesa, dando pasos hacia el lado antes que hacia delante o hacia atrás. Si el pie derecho de su hijo se desvía **hacia fuera**, anímelo a andar hacia la izquierda; si el pie izquierdo del bebé se desvía

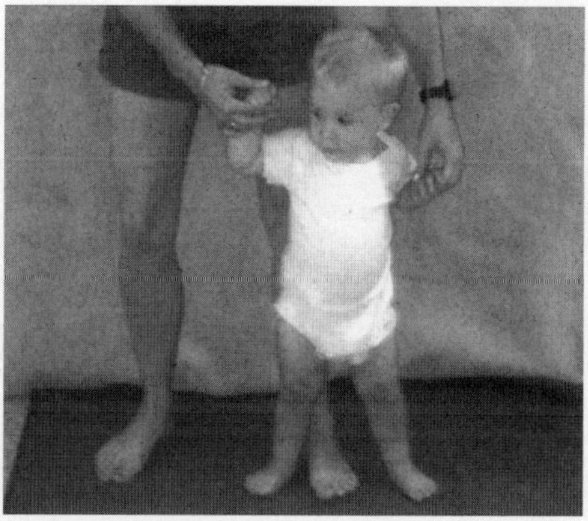

hacia fuera, anímelo a andar hacia la derecha. Utilice su propio pie para orientar los pies del bebé que deben estar bien alineados.

- Si el pie derecho de su hijo se desvía **hacia dentro**, anímelo a andar hacia la derecha. Si el pie izquierdo de su hijo se desvía **hacia dentro**, anímelo a andar hacia la izquierda. Utilice su propio pie para guiar el pie de su hijo, que debe estar correctamente alineado.

Juegos con los pies

HABILIDADES QUE DESARROLLA

- Andar con una buena posición de los pies.
- Apoyar el peso de su cuerpo por igual sobre ambos pies.
- Mantener los pies bien rectos.
- Mejorar la sensación de equilibrio y la estabilidad de los pies.

MATERIAL

- El suelo de una habitación, libre de obstáculos o juguetes.

EJERCICIO

- Póngase de pie junto a su hijo y déle la mano.
- Caminen en un círculo de aproximadamente ochenta a cien centímetros de diámetro. Cuanto más pequeño sea el círculo, más tendrá que girar los pies.

- Sujételе ligeramente la mano y nunca tire de él.
- Si su bebé llora, no haga este ejercicio. Ha de ser divertido para el bebé.
- Proporciónele soporte para impedir que su bebé tropiece con sus propios pies y pueda caerse.

Si el pie derecho de su hijo se desvía hacia dentro, caminen en círculo en el sentido de las agujas del reloj.
Si el pie derecho del bebé se desvía hacia fuera, caminen en círculo en el sentido contrario a las agujas del reloj.
Si el pie izquierdo del bebé se desvía hacia dentro, caminen en círculo en sentido contrario a las agujas del reloj.
Si el pie izquierdo del bebé se desvía hacia fuera, caminen en círculo en el sentido de las agujas del reloj.

Caballito mecedor

HABILIDADES QUE DESARROLLA

- Mantener los brazos extendidos hacia delante para protegerse frente a un posible golpe en la cabeza.
- Desplazar el peso de su cuerpo hacia delante y hacia atrás.
- Soportar el peso de su cuerpo en los pies con una buena alineación de los pies.
- Explorar la relación causa-efecto y la posición en el espacio.

MATERIAL

- Un caballito mecedor bajo.
- Un suelo alfombrado o enmoquetado.

EJERCICIO

- Ponga al bebé en el asiento del caballito mecedor y coloque sus manos de modo que sujete bien las asas del juguete.
- Si es necesario, proporciónele soporte para impedir que su hijo caiga. Al principio puede necesitar que le sujete los pies en los estribos del caballito.
- Preste atención a la posición de los pies del bebé. Ponga los

pies de modo que pueda mecerse manteniéndolos bien estirados.

- Si su hijo desvía un pie hacia dentro o hacia fuera, colóqueselo alineado o proporciónele soporte según sea necesario y anímelo a sostener el peso de su cuerpo con una buena posición de los pies.
- Espere unos momentos a que su hijo explore los movimientos hacia delante y hacia atrás, y acto seguido mueva el caballito según sea necesario para ayudar a su hijo a aprender a mecerse.
- Si se da cuenta de que su hijo se siente inseguro, mueva el caballito solamente algunos centímetros.

«¿PUEDE DECIRME POR QUÉ...?»

Respuestas a las preguntas que con frecuencia plantean los padres

Mi bebé es muy flexible, y lo pasa muy bien introduciéndose los pies en la boca. En este momento tiene cinco meses, ¿es esto normal?

Sí, puede estar tranquila. Muchos bebés lo hacen. Es un buen ejercicio de estiramiento suave y contribuye a desarrollar la movilidad de los pies que más tarde puede serle de mucha utilidad para otras actividades como el ballet, el fútbol u otras actividades que requieren habilidad con los pies, flexibilidad y una adecuada amplitud de movimientos. Antes de iniciarse la marcha, las piernas del bebé tienen una gran movilidad y esto permite al bebé llevarse el pie a la boca, tocarse con él las orejas y hasta ¡colocarlo detrás de la cabeza! Estos gestos lo ayudan a tomar conciencia de su cuerpo. Al llegar a la edad de inicio de la marcha, el pie envía una serie de mensajes al cerebro –unos conscientes y otros inconscientes– que lo informan acerca de la talla, peso, situación de la bóveda plantar, acción de los músculos, etc. Estos mensajes preceden a otros, todavía mal definidos, que hacen posible automáticamente que el bebé dé los primeros pasos.

A mi hijo le gusta sostenerse de pie en mi regazo, y parece muy dichoso cuando está de pie. ¿Es conveniente que lo ponga de pie aun cuando sólo tiene unos pocos meses de vida?

Es por completo correcto que ponga a su hijo de pie en su regazo, pero también debe ponerlo de pie y acostado en el suelo, de modo que pueda aprender a darse la vuelta y a gatear. Asimismo, incluso a esta edad temprana debe prestar atención a la posición de los pies del bebé cuando se sostiene de pie. El niño a esta edad está desarrollando los patrones motores sensoriales que más tarde contribuirán a que se sostenga de pie sin ayuda, de modo que asegúrese de que la alineación de sus pies es adecuada. Si tiene tendencia a sostenerse de pie de puntillas, trate de que lo haga con los pies bien extendidos sobre el suelo o en su regazo.

¿Cómo debo proteger los pies de mi hijo para impedir que resbale y al mismo tiempo mantener sus pies calientes?

Póngale zapatillas con una prolongación en calcetín y provistas de una suela de goma que le proporcionarán una gran estabilidad e impedirán que pueda caerse. Son cómodas y calentitas, no son nada caras y protegen los pies de su bebé al tiempo que le permiten una gran libertad de movimientos.

Capítulo 9

Niños especiales, padres especiales

Si es usted el padre o la madre de un bebé con necesidades especiales, pronto descubrirá un secreto sorprendente: estos bebés son una bendición y nunca una tragedia. Durante los últimos veinte años, he desarrollado mi actividad profesional con cientos de padres de bebés con necesidades especiales, y estos padres continuamente me expresan su gran dicha por las satisfacciones que sus hijos les han proporcionado. Como padre o madre de un bebé con necesidades especiales, métase esta idea en la cabeza: ¡tiene el privilegio de ser padre o madre de un bebé de valor inestimable que tiene mucho, muchísimo que enseñarle!

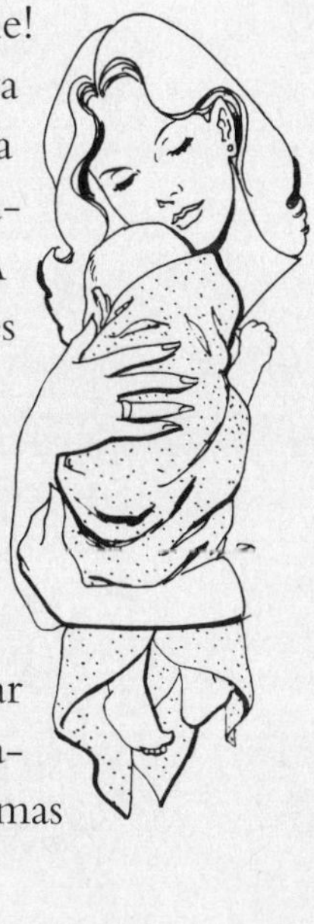

También comprobará que no es el único, ya que en Estados Unidos, Sudamérica, Europa, y la mayor parte de los países del mundo cada año nacen miles de bebés con necesidades especiales. A pesar de que los padres de bebés con necesidades especiales antaño se sentían aislados, en la actualidad les resulta mucho más fácil ponerse en contacto con otros padres con las mismas preocupaciones y necesidades que ellos.

Como experta en niños con necesidades especiales, mi mejor consejo es que entren a formar parte de una asociación. Es importante que permanezcan en contacto con otros padres en sus mismas circunstancias. Averigüen la existencia de organizaciones de padres de niños con necesidades especiales. Hablen con el ayuntamiento, departamento de salud, hospital infantil o centros expertos en desarrollo neurológico infantil de su localidad. Se sorprenderán de la cantidad de recursos existentes en su comunidad, y del número de personas: maestros, terapeutas, enfermeras y otros padres, que pueden ayudarlos. Si disponen de un ordenador les será muy fácil llevar a cabo una búsqueda de información a través de Internet sobre grupos de padres, centros médicos así como programas educativos y recreativos; existen un buen número de webs al respecto.

Probablemente también se sorprenderá de lo mucho que su hijo es capaz de aprender y de hacer. Con una intervención precoz, incluyendo un tratamiento y educación, los bebés con necesidades especiales pueden hacer grandes progresos. La inmensa mayoría de los prematuros, y muchos niños con un retraso leve del desarrollo, acabarán por ponerse al nivel de los otros niños de su edad. Y los niños con discapacidades más importantes, antaño confinados a una vida restrictiva, en este momento llevan una vida plena, activa, productiva y feliz en su comunidad.

Puede ayudar a un bebé con necesidades especiales maximizando su potencial buscando una escuela y un programa terapéutico de calidad en los que intervengan profesionales con experiencia. El primer paso que le recomiendo es encontrar a un médico que disponga de conocimientos sobre bebés con necesidades especiales. Las asociaciones de padres pueden resultarle de gran ayuda para encontrar uno e incluso recomendarle los mejores. Además, conviene que solicite una visita con un terapeuta experto en problemas del desarrollo neurológico para que valore a su hijo. En general, son médicos pediatras que se han especializado en esta área concreta.

Los médicos y terapeutas del bebé pueden ayudarle a diseñar un programa terapéutico individualizado para las necesidades específicas de su hijo, pero su hijo dispone de una importante experta muy a mano, su madre. Nadie conoce las habilidades, necesidades e intereses de su bebé mejor que usted y nadie se entregará y consagrará hasta el grado en que usted trata de ayudar a su bebé a conseguir todo su potencial.

Los ejercicios y consejos que proporcionamos en este capítulo pueden serle útiles, pero solamente complementan el programa de tratamiento de su hijo. Revíselos con el terapeuta de su hijo, de modo que pueda aconsejarle cuáles de los ejercicios y actividades descritos en este capítulo, y en los otros capítulos de este libro, serán más beneficiosos para su hijo. Cada bebé es diferente, y los ejercicios que son útiles para un bebé pueden no serlo para otro. (A pesar de que utilizo el término «bebé», no existe un límite de edad para estos ejercicios. Cada niño especial se desarrolla a un ritmo diferente, y algunos se beneficiarán de estos ejercicios a los seis meses mientras que otros estarán preparados para hacerlos a los seis meses o al año, o incluso más tarde.)

Si su bebé tiene problemas de salud que pueden hacer que la práctica de los ejercicios constituya una preocupación, asegúrese de consultar a su médico antes de iniciar cualquiera de los ejercicios descritos en este libro. Además, cuando practique los ejercicios con el bebé, es importante que interprete los indicios y sutiles pistas que su hijo le proporciona. Si lo nota nervioso y agitado, probablemente la actividad es excesiva para él. Si expresa que lo está pasando bien, va por el buen camino.

Se dará cuenta de que en este capítulo no se describen más enfermedades o problemas médicos específicos que la prematuridad. La razón de ello es que los ejercicios y actividades descritos en cada apartado pueden beneficiar a bebés con gran número de diagnósticos. He dividido este capítulo en cinco apartados, cada uno de los cuales presta atención a un tipo diferente de patrón observado con frecuencia en los bebés con necesidades especiales. Los apartados son los siguientes:

- Prematuros.
- Bebés con grandes necesidades.

- Bebés con asimetría.
- Bebés con tono muscular reducido.
- Bebés con retraso del desarrollo.

Si su hijo no se corresponde por completo a ninguna de estas categorías, pregunte a su pediatra o terapeuta cuáles son los ejercicios y actividades que contribuirán a su desarrollo óptimo. Y recuerde que jugar y establecer y fortalecer vínculos de afecto con su hijo es tan importante como enseñarle nuevas habilidades. Las actividades y ejercicios sugeridos en este capítulo tienen un valor terapéutico, pero también representan «juegos infantiles», ¡de modo que diviértanse!

PREMATUROS

Si su hijo es un prematuro (un bebé nacido prematuramente después de menos de treinta y siete semanas de embarazo), probablemente usted sentirá dos emociones claramente encontradas: por una parte, la dicha de que su hijo ya haya nacido y, por otra, la inquietud y el temor suscitados por los cuidados especiales que va a necesitar.

Su bebé puede necesitar una alimentación con sonda u oxígeno suplementario, y además puede ser muy sensible, difícil de tranquilizar y muy propenso a ponerse nervioso. Además, durante algunos meses tendrá un aspecto muy diferente del de otros bebés, hasta que alcance su nivel de desarrollo. Es normal que se sienta abrumada por las necesidades especiales de su hijo prematuro, e incluso le alarme su aspecto, pero ha de tener paciencia; dentro de unos pocos meses, su bebé habrá ganado peso, empezará a dormir mejor y probablemente ya no será necesario alimentarlo con sonda, administrarle oxígeno ni llevar a cabo otros procedimientos especiales que habitualmente requiere un bebé prematuro.

Los retos a los que se enfrenta un bebé prematuro dependen en buena parte de su «edad» al nacer. Los bebés nacidos entre las treinta y cuatro y treinta y siete semanas de embarazo se consideran prematuros, pero habitualmente plantean pocos problemas a largo plazo. Muchos de estos prematuros superan sus problemas y rápidamente alcanzan a los otros niños de su edad, mientras que los bebés prematuros «más pequeños» pueden no alcanzar a los otros niños hasta que cumplen los tres o cinco años. Además, algunos bebés prematuros más pequeños manifiestan retrasos persistentes del desarrollo. En conjunto, alrededor de un tercio de prematuros pueden enfrentarse a retos persistentes; por fortuna, están disponibles numerosos programas educativos y terapéuticos que ayudarán a estos niños no solamente a sobrevivir, sino también a criarse como niños tan sanos como los demás.

Los primeros meses de un bebé prematuro

Cuando un bebé prematuro es dado de alta del hospital y llega a su hogar, los padres tienen que hacerse a la idea de que durante algunos meses apenas dormirán. Los prematuros, como sin duda habrán ustedes descubierto, tienen problemas para conciciliar el sueño y para dormir toda la noche de un tirón. Incluso las siestas diurnas y los largos períodos de sosiego de un bebé nacido a término son problemáticos para un bebé prematuro porque es mucho más fácil que se sobresalte con los ruidos cotidianos, como el ladrido de un perro, el incesante timbre del teléfono o una puerta que se cierra. Es probable que su hijo los ponga nerviosos día y noche, al menos al principio.

Además, un niño prematuro será muy sensible a las miradas, ruidos, a un simple contacto y a otras sensaciones cuando está despierto. Al principio puede tener dificultades para organizar las informaciones sensoriales y puede mostrarse abrumado por su entorno. Los prematuros tienden a sobresaltarse con facilidad y son muy sensibles en los puntos de su piel donde se ha procedido a pincharles para insertarles un catéter con la finalidad de administrarles un suero o un antibiótico, o simplemente una inyección intravenosa. También tienen más dificultades que los bebés nacidos a término para adaptarse a los cambios de temperatura porque su tejido adiposo es menos abundante que el de un bebé nacido a término.

Puede ayudar a su bebé a tranquilizarse y a relajarse meciéndolo lentamente y, si es necesario, tomándolo en brazos. Cuando le cambie los pañales o lo bañe, no haga movimientos súbitos ni lo exponga bruscamente a cambios de temperatura ya que, de lo contrario, se sobresaltará y la experiencia le dejará huella, puesto que el «reflejo del sobresalto» hace que extienda sus brazos hacia atrás. Preste atención para que su hijo no pueda sobresaltarse con ruidos fuertes, de modo que limite las visitas y el número de juguetes que deja en su cuna y recuerde que los viajes y las actividades pueden ser más alarmantes y agotadores para su hijo de lo que lo serían para un bebé nacido a término. Por consiguiente, limite sus salidas y llévelo de paseo una sola vez al día, hasta que sea capaz de afrontar un ritmo más activo.

También puede observar que su bebé parece más flácido o más «elástico» que un bebé nacido a término. La razón de ello es que su hijo permaneció menos tiempo en una postura acurrucada dentro del claustro materno. Además, a diferencia de los bebés que durante las últimas semanas de embarazo se mantienen bien acurrucados dentro del útero, su hijo no se ha acostumbrado a la sensación de tener los brazos y las piernas tan cerca de su cuerpo. Por otra parte, puede mostrar una falta de coordinación corporal y su cabeza puede tambalearse.

Probablemente la mayoría de los problemas de su bebé se resolverán con el tiempo. Si cuando su hijo cumpla entre dos y cuatro meses usted sigue preocupada, hable con el pediatra, que puede referirle a un terapeuta. Una terapia puede conferir grandes beneficios a un prematuro mientras que otros bebés no necesitarán intervenciones especiales.

Los ejercicios y actividades que he incluido en este apartado pueden ayudar a su bebé a tranquilizarse y a relajarse, y a iniciar su largo camino hacia la recuperación. Asegúrese en especial de practicar los ejercicios de posición. Cuando coloca a su hijo correctamente le proporciona algunas de las experiencias sensoriales que omitió al nacer prematuramente.

Antes de empezar, algunos consejos. No se preocupe por lo pequeño y frágil que su bebé parece. Es necesario que desarrolle una sensación de confianza y seguridad en sí misma con respecto a su crianza. Un bebé se da cuenta de cuándo una persona lo coge en brazos firme y confortablemente, y su bebé se sentirá más relajado si se siente seguro cuando usted lo lleva en brazos que si cuando lo hace parece tener miedo de cogerle. Si tiene dudas, hable con una enfermera que esté acostumbrada a tratar con bebés prematuros.

Al contrario, tenga en cuenta que su bebé es más delicado que otros bebés y por lo tanto se cansará más rápidamente. Cuando haga ejercicios o juegue con el bebé, interrúmpalos tan pronto como su hijo dé muestras de agitación o parezca cansado. Con frecuencia un prematuro sobreestimulado empezará a tener hipo, dejará de mirarla o su piel mostrará una tonalidad amoratada. Si su bebé se sobreestimula, un masaje rítmico y lento contribuirá a apaciguarlo. A medida que crezca y madure será capaz de enfrentarse a una mayor actividad. Y, por último, empezará a dormir más, se lo aseguro.

Posturas adecuadas para un bebé prematuro

Es importante que se asegure de la postura de su bebé. Cuando se encuentre en las posturas mostradas en las fotografías, su bebé experimentará muchas de las sensaciones que experimentaba un bebé nacido a término cuando se encontraba acurrucado en el claustro materno, chupándose los pulgares y manteniendo sus brazos y piernas pegados a su cuerpo.

Estas posturas ayudarán a su bebé a desarrollar un tono muscular más maduro y una mayor estabilidad, y contribuirán a mantener calentito su cuerpo. También ayudarán a su bebé a desarrollar una simetría, reducirán su reflejo del sobresalto y le enseñarán a ponerse cómodo y cómo moverse.

Su bebé debe permanecer al menos algunos minutos cada día en cada una de las posiciones que se muestran en las fotografías.

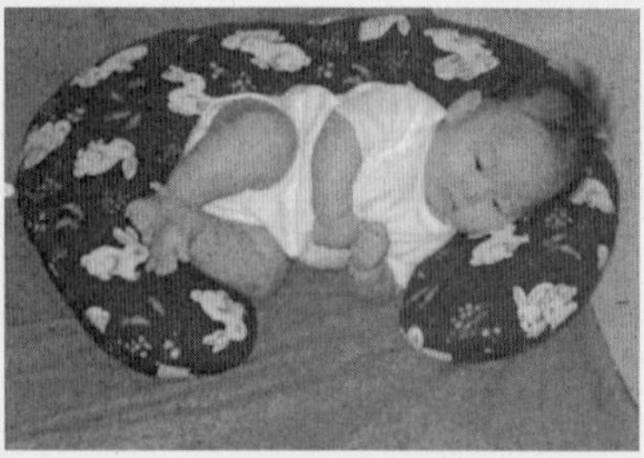

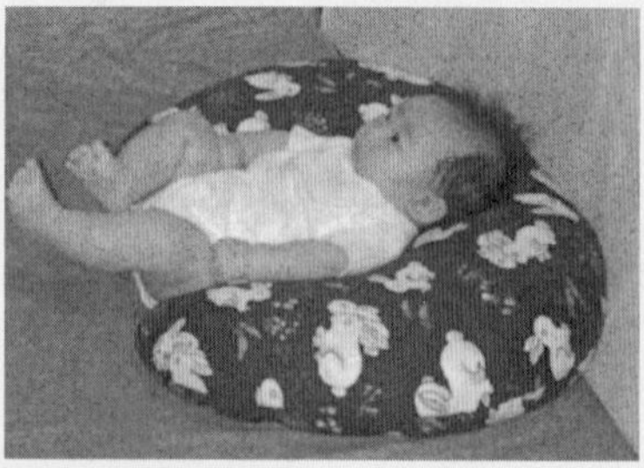

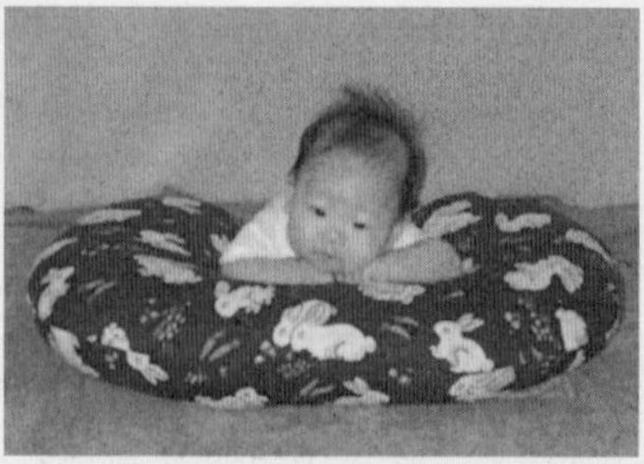

EJERCICIOS

Reposo y relajación

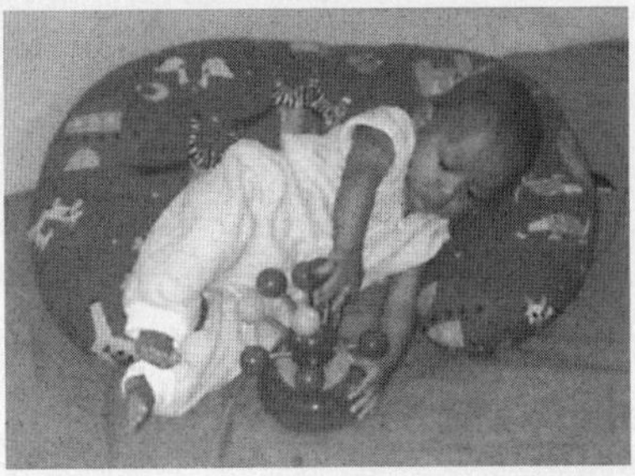

HABILIDADES QUE DESARROLLA

- Tolerancia y placer con el contacto, en especial en los puntos de la piel en los que se le han practicado punciones intravenosas.
- Relajación y disminución del estrés.

MATERIAL

- Opcional: una almohada gruesa y mullida, o un pequeño colchón de aire para dormir.

EJERCICIO

- Ponga al bebé acostado de lado en una posición bien acurrucada sobre la almohada o colchón, sobre su regazo, de modo que pueda sujetarle firmemente y esté estable.
- Ponga una mano en el hombro del bebé, y deje que se acostumbre a que lo toque.
- Con suavidad haga masajes en la coronilla del bebé, acariciándole el pelo y la nuca. Continúe aplicando el masaje en sentido descendente por todo su cuerpo.
- Observe a su bebé con atención en busca de algún signo de que está sobreestimulado, y disminuya el ritmo del masaje o interrúmpalo hasta que lo note relajado. Ayude a su hijo a

relajarse con un masaje muy lento, al principio en silencio. A medida que el bebé aprenda a tolerar el masaje, puede susurrarle o cantarle una canción.

- Ésta también es una magnífica postura para pasarle cintas de vídeo de otros bebés o para que pueda descansar.

Juguetes y consejos para prematuros

Para ayudar a su bebé prematuro a relajarse, póngalo en una almohada mullida o en un colchón de aire en forma de triángulo, especial para dormir (que puede adquirir en una tienda de artículos para bebé), bien acurrucado para que se sienta calentito y seguro. Asegúrese de que utiliza las almohadas y colchones autorizados, ya que otros pueden ser peligrosos porque pueden ser causa de asfixia. El bebé también lo pasará muy bien acostado en una hamaca que recreará las sensaciones que tenía durante su vida en el claustro materno. Para intensificar estas sensaciones, mientras su bebé descansa, póngale música, escogiendo compactos con melodías grabadas que recuerdan los sonidos de la vida intrauterina. También puede envolver a su bebé en una manta polar o en una colcha de algodón para que se sienta calentito y perciba la misma sensación de seguridad que experimentaba en el claustro materno.

Cuando prepare el dormitorio de su bebé prematuro, trate de que la decoración sea muy simple y nunca recargada. Escoja sábanas lisas, no estampadas. Asimismo, es aconsejable que el papel o la pintura de las paredes sea de colores pálidos que contribuirán a relajarle y protegerle frente a una estimulación excesiva. Las cintas con música de fondo, muy suave, con el ruido del mar o con un «ruido blanco» pueden ayudarlo a relajarse y a conciliar el sueño; introduzca estas cintas gradualmente y mantenga un volumen bajo. Evite las cintas con música y canciones al mismo tiempo, ya que una información auditiva demasiado compleja puede abrumar al bebé.

Cuando seleccione juguetes para su hijo prematuro, trate de comprarle juguetes que solamente provean información a un sistema sensorial cada vez. Por ejemplo, evite los móviles musicales de múltiples colores, y en lugar de ello escoja juguetes simples. Las mejores elecciones incluyen:

- Un móvil de una sola forma.
- Juguetes de goma blandos que no emitan sonidos.
- Pelotas de un solo color que pueda sujetar a la sillita del bebé (aunque su hijo sólo debe jugar con ellos con la supervisión de un adulto).
- Un espejo para bebé para sujetarlo a su cuna.

Un último consejo: evite comprar andadores o sillitas con movimiento para un niño prematuro. Su bebé se beneficiará más de los movimientos acostado boca abajo en el suelo que lo estimularán a gatear, más que estar sentado bien derecho durante períodos prolongados.

«¿PUEDE DECIRME POR QUÉ...?»

Respuestas a las preguntas que con frecuencia plantean los padres de bebés prematuros

A mi marido le da miedo tocar y coger en brazos a nuestro hijo. El bebé y él parecen tener dificultades para crear vínculos de afecto. ¿Cómo puedo conseguir que mi marido participe más en su crianza y cómo puedo ayudarlo a sentirse a gusto con nuestro hijo?

Deje que su marido y su hijo pasen más tiempo juntos sin su presencia. Por ejemplo, una buena forma de que establezcan vínculos de afecto es que su esposo se siente en una mecedora y siente a su hijo en su regazo para hacerle arrumacos mientras se mecen juntos. Además, su marido también puede pasear a su hijo en el cochecito, siempre provisto de una capota para que el bebé no se exponga demasiado al sol y no se estimule en exceso, o bien sugiera a su esposo que lleve a su hijo a dar un paseo en automóvil. Al principio, su esposo se sentirá más tranquilo si el bebé va sentado en su cochecito o en su sillita para automóvil, bien sujeto.

La mayoría de los padres de bebés prematuros, sobre todo los hombres, al principio se sienten un poco nerviosos y aturdidos por el aspecto y la fragilidad de sus bebés. Es importante que ambos comprendan que estos sentimientos son normales y que los superarán. Al principio, no sean demasiado duros con ustedes mismos; han pasado por una dura prueba, y sólo necesitan un poco de tiempo para adaptarse a su hijo y aprender a disfrutar de él.

Mi bebé sufre un retraso, pero el médico me ha explicado que en poco tiempo alcanzará el nivel del resto de niños de su edad. ¿Cuánto tiempo necesitará?

Los bebés prematuros pueden necesitar hasta cinco años para ponerse al nivel de los demás, a pesar de que algunos pueden ponerse al día a los dos o tres años. El tratamiento y los programas de educación especial con frecuencia pueden ayudar a los prematuros a mejorar de manera significativa.

Recuerde que la edad verdadera de su hijo se calcula restando las semanas de prematuridad de su edad cronológica. Es necesario que valore su desarrollo utilizando esta edad «corregida» más que comparar al bebé con otros bebés nacidos a término (es decir, entre las treinta y siete y las cuarenta y una semanas de embarazo) que tienen la misma edad cronológica.

¿Qué experiencias ha pasado por alto mi hijo al nacer prematuramente?

Si su hijo nació más de seis semanas antes del término, sus sistema respiratorio y digestivo no han tenido el tiempo suficiente de madurar por completo, de modo que puede necesitar algunos días o incluso semanas para aprender a respirar, a comer e, incluso, a defecar. Su bebé también pasó por alto la experiencia de permanecer acurrucado (en flexión) en el claustro materno, lo que ayuda a un bebé nacido a término a aprender a succionarse los pulgares y a chuparse los pies durante su vida intrauterina.

Los bebés nacidos a término se adaptan a los patrones de sueño y vigilia de sus madres durante los últimos dos meses de embarazo. Dado que su bebé ha omitido este período, su ciclo de sueño y vigilia puede estar desincronizado durante mucho tiempo.

El cerebro de su bebé tampoco ha tenido el tiempo suficiente para formar todas las vías y conexiones que habitualmente están presentes al nacer, de modo que su sistema nervioso es inmaduro. Necesitará algún tiempo para poder coordinar las informaciones sensoriales (miradas, ruidos, movimiento, sentido del tacto, del gusto y del olfato). Como consecuencia, tendrá problemas para aislarse del ruido de fondo, como el de una máquina de cortar césped que funciona en el jardín de al lado, y tendrá dificultades para «desconectarse» del mundo que lo rodea cuando necesite relajarse.

Mi hijo parece muy nervioso y delicado. Se enfría muy a menudo, pero no le gusta nada que lo vista.

Mantenga a su hijo tan cerca de usted como le sea posible. Por ejemplo, hagan la siesta juntos o acuéstense en el sofa para ver juntos la televisión o leer. Escuchen música suave o música que recuerde a los sonidos del claustro materno mientras lo lleva en brazos bien acurrucado. Para llevarlo en brazos puede utilizar una mochila o canguro especial. Su bebé no estaba preparado para separarse de su cuerpo tan temprano como lo ha hecho, y la proximidad física de usted lo ayudará a recuperar la sensación de seguridad que tenía durante la vida intrauterina.

Cuando vista a su bebé, evite los vestidos, leotardos, calcetines y los zapatos. Escoja faldones o camisetas abrochadas con lazos o con cierre automático de modo que cuando cambie los pañales de su bebé no tenga que sacarle la ropa.

¿Cuál es la mejor postura del bebé para dormir?

Siempre debe poner a su hijo acostado boca arriba para dormir. Para descansar o jugar, póngalo acostado de lado sobre un almohadón mullido. Esto le permitirá babear sin que corra el riesgo de asfixiarse y, además, puede adaptar individualmente la almohada al tamaño del cuerpo del bebé. También contribuirá a mantener a su hijo en una correcta alineación e impedirá que accidentalmente se dé la vuelta sobre su barriga o salga de la cama. **No utilice** almohadas rellenas de cuentas de polietileno, ya que, si se agujerean, su hijo podría asfixiarse.

Lista de control de un prematuro: cuándo solicitar ayuda

- Dificultades para utilizar ambos ojos a la vez.
- Problemas para coger y sujetar los juguetes a los cuatro o cinco meses; incapacidad de sostener levantada la cabeza en la línea media.
- Dificultades para levantar la cabeza cuando está acostado boca abajo.
- Aspecto redondeado de la espalda y unos brazos rígidos.
- Arquea la espalda, tiene las piernas rígidas, y dificultades para sentarse.
- No apoya el peso de su cuerpo en sus piernas.

Puntos clave para los prematuros

- El sistema nervioso de los bebés prematuros es inmaduro y, por esta razón, estos niños pueden ser especialmente irritables, nerviosos y tienen tendencia a hacer pataletas. Cuando lo ponga en la cuna, arrópelo bien para que se sienta acurrucado y calentito y póngale cintas con música que recuerda los sonidos del claustro materno o el sonido de las olas. Esto lo ayudará a relajarse.
- Su hijo prematuro necesita juguetes simples que solamente estimulen uno de sus sentidos (por ejemplo, la visión o la audición) a la vez.
- Habitualmente los bebés prematuros tienen problenas con el sueño profundo y no duermen toda la noche de un tirón. Hacen siestas cortas y se les puede despertar con facilidad.
- Todos los bebés prematuros necesitan que se les coloque en posiciones apropiadas para ellos (véanse posiciones para bebés prematuros). Esto les ayuda a experimentar muchas de las sensaciones que omitieron al abandonar precozmente el claustro materno.
- Los prematuros deben pasar como mínimo tres minutos cada día acostados boca abajo, pero solamente cuando están despiertos, y exclusivamente con una supervisión atenta de la persona que los cuida.

Bebés con grandes necesidades

La mayor parte de los bebés con grandes necesidades en realidad no pertenecen al apartado de bebés con necesidades especiales, ya que en estos niños con frecuencia se han resuelto los problemas aproximadamente al cumplir seis meses. Sin embargo, un pequeño número de estos bebés pueden continuar siendo sumamente nerviosos, y un pequeño porcentaje padecerá alteraciones sensoriales y motoras. Un programa de tratamiento precoz para un bebé de grandes necesidades puede ayudarle a prevenir o a minimizar futuros problemas, y a tener un hijo más tranquilo y feliz.

El término «*grandes necesidades*» abarca un amplio número de bebés. Algunos de estos bebés son ligeramente prematuros, tienen un bajo peso al nacer (alrededor de mil ochocientos a dos mil doscientos gramos) o han sido dados a luz por cesárea. Otros bebés han experimentado un ligero estrés antes del parto o en el momento del parto. Sin embargo, como mínimo la mitad son bebés nacidos a término sin complicaciones conocidas del parto. Por extraño que parezca, muchos de estos bebés son pelirrojos y, además, muchos son sumamente inteligentes.

Lo que todos estos bebés tienen en común es que son inusitadamente nerviosos, miedosos, y resulta muy difícil tranquilizarlos. Al principio, la mayoría de los bebés son nerviosos (véase capítulo 1), pero los bebés con grandes necesidades plantean muchas más dificultades, y durante un período mucho más prolongado, que un bebé normal.

¡Socorro!, mi hijo me está volviendo loca

Los bebés con grandes necesidades representan un reto porque en general tienen «muy malas pulgas», y una vez que se han puesto nerviosos, resulta sumamente difícil tranquilizarlos. Los padres a menudo se sienten inútiles e incapaces de ayudarlos porque, por mucho que se esfuercen, nada parece surtir efecto para calmarles. Si está usted criando a un bebé con grandes necesidades, probablemente habrá observado en su hijo todas las características que se describen a continuación:

- El cuerpo de su hijo tiene dificultades para procesar los movimientos intestinales y el bebé se pone muy nervioso en el momento de defecar.
- Con mucha frecuencia sufre cólicos.
- No mama bien o no se toma bien el biberón.
- Se irrita cuando trata de cambiarle el pañal.
- No es ni mucho menos un bebé «adorable».
- Puede tener dificultades para tolerar un paseo en su cochecito o sentado en la sillita del automóvil.
- Su sueño es muy ligero, se echa a llorar cuando se despierta, y por la noche se despierta multitud de veces.
- Llora sin una razón aparente, y con frecuencia está irritable.
- Tiene problemas para alimentarse cuando está cansado, nervioso o tiene mucha hambre.
- Come solamente durante unos pocos minutos cada vez.
- Tiene dificultades para utilizar ambos ojos a la vez para el seguimiento de objetos y personas.

Al igual que los prematuros, los bebés con grandes necesidades pueden tener dificultades para procesar la información sensorial (miradas, ruidos, movimiento, tacto, etc.). Por consiguiente, tienen tendencia a estresarse y se muestran asustados cuando en su entorno hay un exceso de movimiento y de ruido. Es necesario que le compre juguetes que solamente estimulen un sentido cada vez, por ejemplo, juguetes con movimiento, pero no musicales o que emitan ruidos. Tampoco debe dejar que su hijo se canse en exceso, tenga demasiada hambre o un exceso de calor.

La natación, los baños y las actividades rítmicas como mecerlo le ayudarán a relajarse. También conviene que lo mantenga bien erguido después de alimentarle, para facilitar la expulsión de gases y evitar los cólicos.

Como mínimo al principio tendrá problemas incluso con actividades tan simples como salir a dar un paseo en un día soleado. Un exceso de ruido, luz y de movimiento que bombardean a un bebé con grandes necesidades pueden desencadenar una pataleta o un estado de agitación y nerviosismo que dure varias horas. A cada cambio de actividad, por ejemplo, cuando le cambia el pañal, lo viste y lo baña, el bebé se pondrá nervioso fácilmente y será difícil tranquilizarle. Es probable que pase horas y horas paseándose con su hijo en brazos o dando vueltas en su cochecito por casa hasta que pueda conciliar el sueño.

Uno de los mayores retos de un bebé con grandes necesidades es el sueño. Estos bebés pueden llorar horas y horas hasta quedarse dormidos, pero sólo duermen unos veinte o treinta minutos y después se despiertan llorando de nuevo. El timbre incesante del teléfono, el ladrido de un perro o incluso el pitido de la bocina de un automóvil al otro lado de la calle pueden despertarlo.

Por fortuna, la mayor parte de los bebés con grandes necesidades parecen apaciguarse al cabo de unos meses. Mientras tanto, es necesario que mantenga el entorno del bebé tan silencioso y relajado como sea posible. Por otra parte, es preciso que *cuide de sí misma*. Los bebés con grandes necesidades pueden ser la causa de un estrés considerable, así como de una privación de sueño que puede ser perjudicial para su bienestar y su salud. Por consiguiente, encuentre una buena cuidadora o pida ayuda a sus vecinos o familiares de modo que usted pueda disfrutar de períodos de descanso para irse de compras, leer un libro en el parque o simplemente hacer una buena siesta.

Pero, además, ha de ser muy consciente de que *usted no es responsable* de los problemas de su hijo, ya que estos bebés son nerviosos e inconsolables por naturaleza. Algunos bebés simplemente nacen con esta característica y no tiene nada que ver con sus habilidades o las de su cónyuge para ejercer de padres. No permitan que sus amigos y familiares, con la mejor intención, les digan lo contrario.

EJERCICIO

Acurrúquelo y póngalo cómodo

HABILIDADES QUE DESARROLLA

- Disminuir la sensibilidad del contacto piel con piel.
- Aprendizaje de la sensación de tener los brazos y piernas pegados al cuerpo.
- Conciencia del propio cuerpo.
- Aceptar y pasarlo bien con las informaciones visuales.
- Utilizar ambos ojos para enfocar.
- Acurrucarse (flexionarse) de forma natural.
- Acostarse de lado.

MATERIAL

- Un mantón de lana tipo polar o la manta que utiliza para cambiarle el pañal.

EJERCICIO

- Ponga a su hijo acostado boca arriba, en el centro de la manta y con cuidado déle la vuelta hasta un lado.

- Deje que su hijo disfrute de la sensación de percibir que sus rodillas se tocan entre sí.
- Si es necesario, extienda el brazo y el hombro de encima de modo que sus codos, antebrazos y manos se toquen.
- Sostenga firmemente a su hijo de modo que no pueda caer ni hacia atrás ni hacia delante. Arrópelo bien con la manta, de modo que su cuerpo quede bien cubierto y abrigado.
- Acuéstese a su lado y mire a su hijo sin hablarle. Si desvía la mirada, hace pucheros o llora, no lo mire. Al principio algunos prematuros se sienten abrumados con el contacto visual.
- Gradualmente aumente la capacidad de su hijo para enfocar y mantener el contacto visual. A medida que su hijo aprenda a asimilar la estimulación, sonríale y después tararee una canción mientras hacen este ejercicio. Más tarde, cántele una canción.

NOTA: ningún bebé debe permanecer acostado boca abajo, incluso si solamente está en pañales, sin un adulto cerca.

Juguetes y consejos para bebés con grandes necesidades

Los consejos que son buenos para los prematuros también lo son para los bebés con grandes necesidades. La norma básica es: simplicidad. Compre a su bebé juguetes que sólo estimulen un sentido cada vez, por ejemplo, juguetes de goma que no emitan ruido o música, móviles que no sean musicales y espejos para bebé, de modo que su bebé pueda adquirir conciencia de su propia imagen. Evite los juguetes provistos de botones para pulsar que emiten ruidos; en lugar de ello, trate de encontrarle juguetes provistos de puertas o solapas que descubren dibujos o una lucecita.

Su bebé lo pasará muy bien cuando lo lleve en brazos, bien arropado y le haga arrumacos, y puede mostrarse muy feliz mientras lo mece en una hamaca, ya que este movimiento recrea las sensaciones que tenía en el claustro materno. También puede forrar el cochecito de su hijo con piel de borrego. Es aconsejable que utilice sábanas y mantas de un solo color, nunca estampadas para no sobreestimular a su hijo, y que evite las cintas con canciones y música al mismo tiempo (en lugar de ello seleccione música instrumental). Si cuando su bebé come demuestra ser muy sensible al calor y al frío de los alimentos, es conveniente que compre un biberón con un indicador de temperatura, de este modo, puede estar segura de que la leche está a la temperatura adecuada.

Muchos padres me han comentado que existe un accesorio especial para la cuna, de gomaespuma, que se mueve suavemente y toca música, tranquilizando a su bebé hasta que concilia el sueño.

Para padres de bebés con grandes necesidades, una mecedora es una necesidad y no un lujo. Las mecedoras para bebé que funcionan con pilas también pueden ayudar a relajar a un bebé nervioso. En el dormitorio del bebé y también en cualquier parte de la casa es recomendable que siempre esté encendida una luz tenue, de modo que la transición desde la luz a la oscuridad (o de la oscuridad a la luz) pueda ser gradual más que súbita. Evite los andadores o las sillitas con movimiento que pueden ser causa de rigidez de un bebé con grandes necesidades.

«¿PUEDE DECIRME POR QUÉ...?»

Respuestas a las preguntas que con frecuencia plantean los padres de bebés con grandes necesidades

Mi marido, mi familia e incluso mi propia madre consideran que soy muy mala madre porque mi hijo llora todo el día. Incluso yo creo que soy la principal culpable. Ayer, cuando mi hijo finalmente hizo una siesta, me pasé todo el tiempo que estuvo durmiendo llorando en el baño. ¿Qué es lo que estoy haciendo mal?

No está haciendo *nada* mal, excepto culparse a sí misma de algo que no es responsabilidad suya. Las dificultades de su hijo no se deben a que usted no sabe criarlo sino que su origen es un sistema nervioso que todavía no está preparado para procesar las exigencias del mundo exterior. Si sus familiares no la creen, pídales que lean los numerosos artículos publicados sobre el tema y dígales que harían un mayor bien a su hijo arrimando el hombro, ofreciéndose para ayudar, más que criticándola.

Si es posible, tómese un respiro y descanse de su hijo, y de su familia, cada día. Si no puede permitirse una cuidadora, ponga a su bebé en la cuna, cierre la puerta y lea un buen libro o vea la televisión durante un rato. Cuidar de un bebé con grandes necesidades puede ser muy estresante y usted necesita sus propios momentos de descanso y de relajación, aunque sólo sean unos pocos minutos. Y sea perseverante, ya que la mayor parte de los bebés con grandes necesidades llegan a ser mucho menos difíciles de tratar al cumplir los cuatro meses.

Mi bebé llora después de cada comida, y en especial cuando trata de defecar. Solloza sin parar y termina agotado. Es terriblemente traumático para él y para mí. ¿Como puedo ayudarlo?

Póngase al bebé en su regazo con las piernas levantadas apoyadas a su pecho y déle masajes lentos y suaves en la barriga. Esto le ayudará a relajarse y a defecar, o a expulsar más fácilmente los gases acumulados después de su alimentación. También es conveniente que después de comer lo sostenga de pie, bien erguido en su sillita o en su regazo para ayudarle a digerir mejor la comida. Si le está dando el pecho, evite los alimentos muy condimentados y con muchas especies al igual que algunas verduras y hortalizas como el bróculi, la col, espárragos, coles de Bruselas y alubias, que pueden ser causa del dolor de barriga del bebé. Si lo está alimentando con biberón, pruebe diversos tipos de fórmula para bebé con el fin de ver si su hijo tolera mejor una que las otras.

Por otra parte, no se precipite en la introducción de los alimentos sólidos. Los bebés con grandes necesidades parecen más propensos a las alergias que los otros niños y retrasar la introducción de los alimentos sólidos puede contribuir a prevenir las alergias alimentarias.

Mi bebé llora siempre que lo acuesto para dormir.

Las cunas representan un lugar temible para los bebés con grandes necesidades. No les gusta estar solos, sin luz y sin mamá al lado. Si puede, meza a su bebé hasta que se duerma, más que ponerlo en la cuna. Acurrúquelo y arrópelo tiernamente en una manta y más tarde, cuando se haya dormido, utilice la manta para «deslizarlo» con cuidado en la cuna. También es conveniente que desarrolle una rutina, por ejemplo, léale el mismo cuento o cántele la misma canción antes de la hora de acostarse. En último término, el bebé asociará esta rutina con el momento de dormir. Los baños calientes ayudan a muchos bebés a relajarse. Cuando esté secando a su hijo, ya estará somnoliento.

Estoy dando el pecho a mi hijo, pero creo que no come lo suficiente.

Éste es un problema muy frecuente que afecta a los bebés nerviosos. A menudo, las madres creen que no deben suplementar la lactancia con biberones, pero lo mejor que puede hacer por su hijo es asegurarse de que está tomando la cantidad suficiente de leche para desarrollarse y criarse con salud. En mi experiencia, un diez a quince por ciento de bebés necesitan una alimentación suplementaria con biberón para un desarrollo saludable. Trate de aumentar la cantidad de leche que toma cuando mama dándole algún biberón y de inmediato comprobará si su hijo parece más satisfecho y más sano.

Lista de control de los bebés con grandes necesidades: cuándo solicitar ayuda

- No establece contacto visual.
- No la mira.
- Llora durante más de veinte a treinta minutos seguidos.
- Siempre tiene dificultades con las transiciones, por ejemplo, llora cuando se despierta, cuando le lleva a dar una vuelta en automóvil o cuando sale de paseo en su cochecito.
- No le gusta que lo cojan en brazos.

Puntos clave para los bebés con grandes necesidades

- Al igual que los prematuros, los bebés con grandes necesidades pueden tener dificultades para procesar las informaciones sensoriales (miradas, ruidos, movimiento, tacto, etc.). Se estresan y manifiestan miedo cuando a su alrededor pasan demasiadas cosas o hay demasiado ruido.
- Trate de limitar las informaciones sensoriales que recibe su hijo a una cada vez, ya que un exceso de información puede abrumarlo.
- Cuando su hijo esté acostado, meza la cuna y arrope con frecuencia al niño, ya que esto tranquiliza a un bebé con grandes necesidades.
- Los baños calientes pueden ayudar a su bebé a relajarse y a apaciguarse.
- Trate de evitar la exposición excesiva a la luz solar y a las horas de mayor intensidad, y asegúrese de que el cochecito de su bebé está provisto de una capota o parasol. También es aconsejable evitar el calor o el frío extremos.
- La mayor parte de los bebés gradualmente superan este estado de agitación y nerviosismo a medida que aprenden a consolarse a sí mismos, duermen mejor y toleran las sensaciones corporales como el hambre y el cansancio.

Bebés con asimetría

Las partes del cuerpo de su hijo se mueven simultáneamente, al igual que los instrumentos de una orquesta. Y del mismo modo que los músicos de una orquesta interpretan mejor una pieza si cada uno de los instrumentos está bien afinado, su bebé puede sentarse, ponerse de pie o andar bien solamente si todos los movimientos motores de las diferentes partes de su cuerpo tienen lugar al mismo tiempo en simetría.

Si un área del cuerpo de su bebé es más débil o está peor desarrollada que el resto, su hijo tendrá dificultades para utilizar adecuadamente dicha parte de su cuerpo. Por ejemplo, si un lado de su cuello es más débil que el otro, su cabeza se desviará hacia un lado, por lo que le será difícil cogerse al pecho y mamar. Si prefiere una mano a la otra, tendrá muchas dificultades para pasarse los juguetes de una mano a la otra, o para utilizar simultáneamente ambas manos para jugar o para gatear. Y si en una pierna el tono muscular es menor que en la otra, el bebé tendrá dificultades para apoyar el peso de su cuerpo por igual en ambas piernas cuando se sostiene de pie.

La asimetría puede hacer que para el bebé sea un reto aprender las habilidades que requieren que ambos lados del cuerpo se muevan al mismo tiempo. Por ejemplo, si un lado del cuello de su bebé es rígido o débil, tendrá dificultades para mantener su cabeza centrada, una habilidad que es un requisito esencial para gatear, para sentarse y para sostenerse de pie. La simetría también es importante, porque su hijo necesita utilizar ambos lados del cuerpo para desarrollar las conexiones nerviosas entre ambos hemisferios cerebrales para su aprendizaje futuro.

Es importante tratar precozmente la asimetría porque su bebé está formando los patrones sensoriales que le indican cómo mover y colocar su cuerpo. Por ejemplo, si su bebé se sienta con la cabeza ladeada durante muchos meses, su cerebro dirá «esto es normal», por lo que su hijo puede considerar incómodo sentarse de una manera normal. Además, el bebé puede desarrollar problemas secundarios a partir de su postura asimétrica, como un acortamiento de los músculos o curvaturas anómalas de la columna vertebral.

Aunque muchos casos de asimetría se resuelven por sí solos, algunos requieren ayuda y algunas asimetrías pueden ser graves. Si está preocupada por el desarrollo de su hijo, es aconsejable que un terapeuta profesional examine y valore a su hijo.

La asimetría tiene muchas causas. Algunos bebés experimentan estrés durante el parto a medida que atraviesan el canal del parto. Otros bebés desarrollan la asimetría en el claustro materno debido a su posición fetal durante el embarazo. Con frecuencia un bebé al que se le ha insertado un catéter intravenoso en un pie o en un brazo no quiere utilizar esta parte del cuerpo o apoyarse en ella. Los bebés nacidos con un miembro pequeño o sólo desarrollado parcialmente pueden experimentar algún grado de asimetría. Y en algunos casos, un músculo de un lado del cuerpo simplemente es mayor o está más desarrollado que el músculo homónimo del lado contrario.

También he visitado a bebés cuya asimetría se ha desarrollado porque han pasado demasiado tiempo sentados sin un buen apoyo, o han utilizado andadores antes de que estuvieran preparados para este estadio. Esto puede hacer que la espalda del bebé se curve hacia un lado, y puede provocar un acortamiento o deformidad real.

La asimetría puede afectar solamente al cuello, tronco, brazo, o pierna del bebé o puede afectar a todo un lado de su cuerpo. Con la ayuda de un programa de terapia adecuado, la asimetría del bebé mejorará significativamente. Mediante la práctica de ejercicios diarios y siguiendo un programa facilitado por un terapeuta profesional, podrá contribuir a equiparar el funcionamiento de ambos lados del cuerpo de su hijo. Las actividades en este apartado pueden ayudar a su hijo a hacer progresos adicionales.

Ayude a su bebé a mejorar su simetría

Los bebés con asimetrías con frecuencia desvían su cuerpo hacia un lado mientras comen. Cuando alimente con biberón a su bebé o le dé de comer con cuchara, es muy importante que ayude al niño a mirar hacia delante, al tiempo que mantiene la cabeza centrada. Con frecuencia será necesario que utilice un soporte para un apoyo adecuado de su cabeza. Si le alimenta al pecho, asegúrese de que le da de mamar de ambos lados por igual, incluso si su hijo muestra una gran preferencia por un lado. Y si su bebé hace una pataleta porque no quiere mamar de un lado, trate de afrontarlo precozmente, ya que finalmente lo resolverá. Asimismo, cuando lo alimente, extienda bien el brazo de su hijo de modo que no caiga hacia atrás.

Su bebé puede desear jugar de un lado más que alcanzar los juguetes desde el centro de su cuerpo. Si esta asimetría incluye sus manos, tendrá dificultades para coger y sujetar los juguetes de un lado y puede cerrar la mano en un puño cuando juegue. También puede resultarle difícil jugar con ambas manos simultáneamente. Siempre que le sea posible, anime a su bebé a utilizar el lado que menos prefiere. Póngale juguetes en la mano que utiliza menos y colóquelo de tal modo que tenga que utilizar su lado más débil para girarse y mirarla a usted. Cuanto más utilice por igual ambos lados de su cuerpo, mejor se resolverán sus problemas de asimetría.

Los ejercicios de este apartado sólo están destinados a suplementar el plan de tratamiento de su hijo. Están destinados a mejorar la simetría del bebé, a desarrollar la coordinación óculo-manual y a ayudarle a experimentar la sensación de alineación. Trate de que su hijo juegue en estas posturas varias veces al día, siempre que el bebé se sienta descansado y esté preparado para hacer estos ejercicios; se sentirá muy satisfecha de sus progresos.

EJERCICIO

Ayúdelo a ponerse derecho

HABILIDADES QUE DESARROLLA

- Estabilidad de la cabeza, cuello y músculos de la espalda.
- Aprender a sentarse con la cabeza centrada.
- Experiencia sensorial de sentarse con la cabeza y el cuello en alineación.
- Jugar con la cabeza en la línea media, y utilizar los ojos y desarrollar una coordinación óculo-manual óptima.

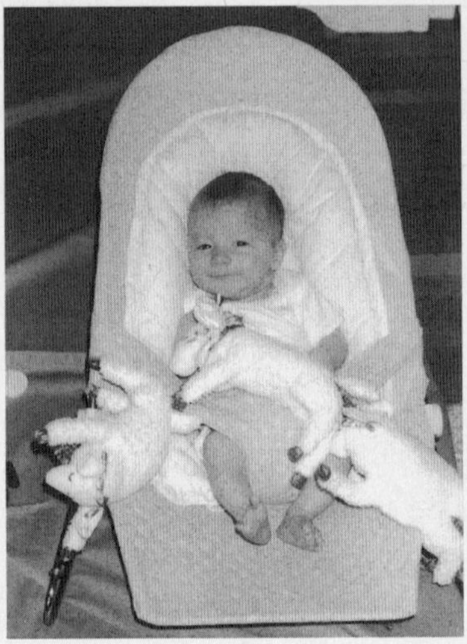

MATERIAL

- Una sillita para automóvil.
- Un soporte para la cabeza.
- Toallas arrolladas o gomaespuma si es necesario.

EJERCICIO

- Ponga a su bebé en la sillita.
- Proporciónele soporte según sea necesario para mantener la cabeza centrada.
- Apoye bien el lado contrario del tronco de su bebé para mantener bien recta su espalda.

CONSEJO: utilice solamente una silla para automóvil para bebés de hasta nueve kilos de peso (comparado con las sillas mayores aconsejadas para niños de hasta dos años). Una silla para automóvil más pequeña proporciona más soporte y no necesita estar tan acolchada.

Juguetes y consejos para bebés con asimetría

Los juguetes son un medio maravilloso de tratamiento para un bebé que necesita desarrollar la simetría. Para ayudar a su bebé a aprender a utilizar su lado más débil, déle juguetes que pesen poco y que sean fáciles de manipular. Por ejemplo, déle una pequeña anilla hinchable que pueda sostener con su mano más débil o cómprele una caja de sorpresas con un muñeco a resorte que funcione con una ruedecita antes que con una manivela. También son excelentes elecciones los juguetes fáciles de sujetar como un patito de goma que hace cuac-cuac y los juguetes electrónicos con botones para pulsar. Para sujetarle juguetes al brazo, pierna o mano asimétricos puede utilizar prendedores o gomas para el pelo; esto lo animará a mover su brazo o pierna al mismo tiempo que lo pasa bien con el juguete.

Aunque usted desee que su hijo utilice su mano más débil, también es importante que utilice ambas manos a la vez. Cómprele juguetes que requieran una clasificación, un teléfono, una pandereta, pelotas de diferentes tamaños y otros juguetes que requieren la utilización simultánea de ambas manos. También es aconsejable que juegue a esculpir figuras con gelatina con sabor a frutas, ya que esto lo animará a utilizar ambas manos mientras explora nuevas texturas.

Las esponjas también exponen al bebé a texturas interesantes y son fáciles de sujetar y soltar. También puede ponerle un guante en la mano más débil para que el bebé preste atención a esta mano. O bien póngale el guante en la mano *que más utiliza* de modo que necesite utilizar la otra mano para coger objetos.

Si su bebé mantiene constantemente cerrada en un puño la mano más débil pregunte al terapeuta o al pediatra la conveniencia de utilizar una férula de abducción para el pulgar. Este dispositivo mantiene el pulgar extendido y separado de la palma de la mano, y anima al bebé a abrirla.

Las tapas del biberón atraerán la atención del bebé y le proporcionan incentivos adicionales para sujetar el biberón con ambas manos. Las tazas o vasos de dos asas también le ayudarán a aprender a utilizar ambas manos simultáneamente.

«¿PUEDE DECIRME POR QUÉ...?»

Respuestas a las preguntas que con frecuencia plantean los padres de bebés con asimetría

La mano izquierda de mi hijo, que ha cumplido seis meses, siempre está pegada a su cuerpo. Utiliza casi siempre la mano derecha. ¿Qué puedo hacer para ayudarle a utilizar la mano izquierda?

Si su bebé mantiene la mano en un puño, puede tener dificultades para aprender a utilizar sus dedos. Ayúdele a relajarse y a abrir la mano, poniendo con frecuencia su propia mano en la del bebé en una posición de apretón de manos. Además, llene el fregadero de lentejas o de agua y anime al bebé a sacarlas con la mano abierta y su pulgar bien extendido. También déle juguetes con los que, para jugar, necesite ambas manos, como un grueso muñeco de trapo, cacharros de cocina, libros gruesos de trapo y un balón que sea demasiado grande para cogerlo con una sola mano.

Entretenga a su hijo con juegos en los que ambos necesiten las manos, como lanzar y parar una pelota, en el que lanza la pelota con su mano abierta contra la mano de su hijo al tiempo que le sostiene el brazo y el codo y los mantiene bien extendidos. Es muy importante que su hijo experimente la sensación de peso en su mano abierta.

Mi bebé sujeta el biberón solamente con la mano derecha. ¿Es normal?

El bebé debe utilizar ambas manos. Compre una tapa para el biberón para que le resulte más entretenido cogerlo y ayúdelo a extender bien su brazo izquierdo para sujetarlo. Cuando juegue con su hijo, déle un beso en la mano izquierda, y anímelo a tocar su cara con esta mano. Cuando lo bañe, anímelo a salpicar y a jugar con el agua con su mano izquierda.

La cabeza de mi hijo siempre está inclinada hacia el lado izquierdo. ¿Cómo puedo corregirlo?

Mantenga la cabeza de su hijo en una correcta alineación, utilizando toallas arrolladas o un apoyacabezas, en especial cuando esté sentado en la silla para automóvil o en una sillita para bebé. Además, haga los ejercicios descritos en el capítulo 2.

Lista de control de los bebés con asimetría: cuándo solicitar ayuda

- Tiene dificultades para utilizar ambos ojos a la vez y para el seguimiento de objetos.
- Su cabeza se desvía hacia un lado; el bebé no sostiene la cabeza centrada.
- Solamente mira hacia un lado.
- Da golpes a un juguete utilizando solamente un lado de su cuerpo.
- Solamente se da la vuelta de un lado.
- Después de los tres meses, mantiene las manos cerradas en un puño.
- Hace muchos más movimientos con los brazos que con las piernas.
- Después de los seis meses, no se estira para tocarse las rodillas o los pies.
- Ha observado que siempre tiene el puño cerrado y la pierna del mismo lado está rígida.

Puntos clave de los bebés que manifiestan una asimetría

- Las partes del cuerpo del bebé se mueven al mismo tiempo, al igual que los instrumentos de una orquesta tocan al unísono. Su bebé solamente puede sentarse, sostenerse de pie y andar bien si todas las partes de su cuerpo se mueven juntas en simetría.
- Practicar los ejercicios para mejorar la simetría de su bebé, le ayudará a crear unos buenos patrones sensoriales y motores que le permitirán utilizar su cuerpo correctamente. Mejorar la simetría del bebé también le serán de ayuda para prevenir problemas a largo plazo, como una alteración o dolores del cuello, y curvaturas anómalas de la columna vertebral.
- Para ayudarle a superar los problemas de asimetría, anime a su hijo a mover el lado o parte de su cuerpo que menos utiliza. Anímelo a utilizar ambos lados de su cuerpo cuando come y juega.
- Es importante tratar de forma precoz la asimetría. De lo contrario, su hijo terminará por acostumbrarse a utilizar su cuerpo de manera asimétrica, y se sentirá incómodo cuando lo ponga en una postura correcta.
- La asimetría suele iniciarse a nivel de la cabeza, de modo que asegúrese de que el bebé mantiene la cabeza bien centrada.

Bebés con tono muscular reducido

Imagínese los músculos de su bebé como cintas elásticas. Si su bebé padece una disminución del tono muscular, estas cintas elásticas son demasiado «flojas» o laxas y no pueden moverse con eficacia. Su bebé parece blando y excesivamente flexible, un poco como una muñeca de trapo, y con seguridad se habrá dado cuenta de que le resulta difícil cogerle sin que parezca resbalar entre sus brazos.

Su bebé tendrá dificultades para levantar la cabeza o para levantar las piernas y dar patadas, y puede mostrar su rechazo cuando lo pone boca abajo, porque le resulta difícil extender los brazos apoyando el peso de su cuerpo en ellos. Cuando aprenda a sentarse, notará que su espalda aparece redondeada. Puede mostrar un retraso para sentarse, sostenerse de pie y andar, aunque la mayor parte de los bebés con disminución del tono muscular llegan a dominar estas habilidades con un poco de ayuda y una buena dosis de estímulo, de modo que sea paciente.

Los bebés con bajo tono muscular (cuyo nombre médico es hipotonía) en general tienen unas articulaciones de las caderas, hombros, codos y rodillas inestables, y excesivamente flexibles. Cuando están acostados tienen tendencia a mantener las piernas muy separadas y desviadas hacia fuera a nivel de las rodillas, y cuando se sostienen de pie, sus rodillas pueden estar ligeramente flexionadas hacia atrás y sus pies se flexionan a nivel de los tobillos. Por otra parte, un bebé con hipotonía también tiene unos reflejos más lentos, de modo que le resulta difícil protegerse extendiendo sus brazos cuando pierde el equilibrio. Algunos bebés con bajo tono muscular en los grandes músculos conservan un tono normal en los músculos más pequeños del cuerpo y, por esta razón, apenas tienen dificultades o no tienen ninguna en utilizar bien los dedos de las manos y las manos para las habilidades motoras finas.

En la mayoría de los casos, la hipotonía mejora a medida que el niño crece. En realidad, algunos bebés con hipotonía llegan a ser muy buenos gimnastas por ser tan flexibles. En un número relativamente pequeño de bebés persiste el bajo tono muscular, pero el tratamiento y el ejercicio precoz pueden mejorar su fuerza y estabilidad, perfeccionar sus reacciones protectoras, de modo que pueden extender sus brazos para cogerse si pierden el equilibrio, y, además, los ejercicios aceleran algunos logros del desarrollo, como sentarse y andar. A medida que mejora su tono muscular, a su hijo le será más fácil y le resultará más divertido empezar a moverse y explorar el mundo.

¡Utiliza esos músculos!

Si su bebé padece un bajo tono muscular, necesita jugar acostado boca abajo tanto como le sea posible. Esto le permitirá desarrollar los músculos del cuello, de la espalda y de los brazos y utilizarlos contra la acción de la gravedad. También le ayudará a desarrollar las habilidades necesarias para la extensión protectora, reacción en la que sus brazos se extienden hacia delante o hacia los lados para cogerse si nota que se cae cuando está sentado. También necesita una buena extensión protectora para sostenerse de pie y proteger su cabeza si pierde el equilibrio. Los juegos acostado boca abajo permiten al bebé practicar los tres elementos de la extensión protectora: saber colocar bien sus brazos, apoyar el peso del cuerpo en sus brazos y mover los brazos rápidamente.

Si nota que su bebé está incómodo jugando acostado boca abajo, póngale una toalla arrollada bajo el pecho o acuéstelo boca abajo en su regazo. Si cuando está acostado boca abajo no le gusta tanto jugar como parece gustarle cuando está acostado de lado –postura en la que no debe utilizar sus músculos contra la acción de la gravedad– al principio, puede ponerse nervioso. Practiquen durante breves momentos, y para ello déle juguetes interesantes para mirar y juegue con su hijo con una actitud entusiasta, para que tenga la sensación de que ambos se están divirtiendo. Si usted manifiesta mucho entusiasmo, a buen seguro que contagiará a su hijo.

También es muy importante que su bebé se sostenga de pie con un apoyo cuando cumpla cinco o seis meses. Cuando su bebé se sostiene de pie, utiliza su cuerpo y todos sus músculos contra la acción de la gravedad, lo que mejora su tono muscular y lo ayuda a desarrollar una musculatura de la espalda fuerte y recta. Sostenerse de pie con apoyo también le ayuda a una formación correcta de la articulación de la cadera y desarrolla la resistencia, simetría y fuerza de la musculatura. Además, contribuye a estabilizar su espalda, sus piernas y la articulación de la cadera.

Un detalle más con respecto a la postura de pie: los bebés con bajo tono muscular son una excepción a la norma de «descalzo es mejor». Su bebé necesita soporte adicional, de modo que cómprele zapatos altos, atados con cordones.

La postura acurrucada también ayudará a un bebé con bajo tono muscular a estabilizar sus grandes articulaciones, de modo que le será más fácil moverlas. Ponga al bebé en la bañera, en la cesta de la ropa o en una caja de cartón recubierta con toallas o mantas como soporte mullido de su espalda, caderas y hombros, y mantenga sus piernas bien juntas. Átele un sonajero o unos cascabeles a la muñeca o al tobillo para que lo pase bien mientras está «en su nido».

Si su hijo tiene un tono muscular bajo, evite utilizar pañales muy ceñidos, ya que mantienen las piernas de su bebé demasiado separadas. Siempre que le sea posible, vístalo con ropa ligera. Los bebés con bajo tono muscular tienen dificultades para moverse cuando van vestidos con pantalones o jerséis demasiado gruesos o voluminosos y que pesan demasiado.

Los masajes firmes y rápidos en las piernas, pies y abdomen del bebé son de mucha ayuda porque contribuyen a «despertar» la musculatura y a que funcione mejor. Incluso si carece de tiempo para hacer ejercicios, hágale cada día un masaje en el abdomen. Esta simple actividad tonificará los músculos abdominales del bebé y le animará a levantar las piernas hasta el pecho, ayudándole a integrar las partes superior e inferior de su cuerpo.

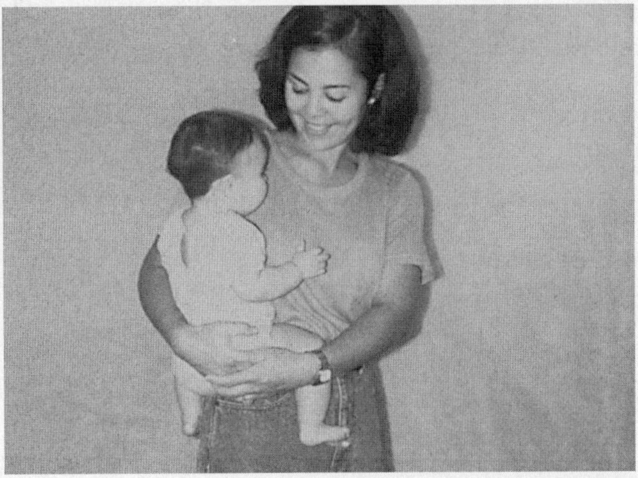

Esta posición para coger en brazos al bebé ***no*** *debe utilizarse en niños con un bajo tono muscular, porque no se mantienen juntas sus piernas.*

Los bebés con bajo tono muscular tienen tendencia a ser niños plácidos y muy tranquilos, y su hijo puede necesitar cierto estímulo para empezar a hacer los ejercicios y actividades descritos en este apartado. Probablemente le encanta permanecer sentado o acostado en silencio mirando el mundo a su alrededor, de modo que motivarlo es cosa suya, por ejemplo, con una actitud positiva y con mucho entusiasmo, elogiándolo cada vez que haga un ejercicio hasta el final. En el lado positivo, los niños con un bajo tono muscular son mucho más receptivos y cooperan mucho más que los otros niños, y en general se lo pasan muy bien una vez que han empezado a moverse. Trate de hacer los ejercicios con música muy animada y con un buen ritmo, con la finalidad de acelerar el ritmo del bebé. Empiece por coger al bebé y bailar con él. Cuando su hijo perciba sus movimientos, se animará a moverse solo.

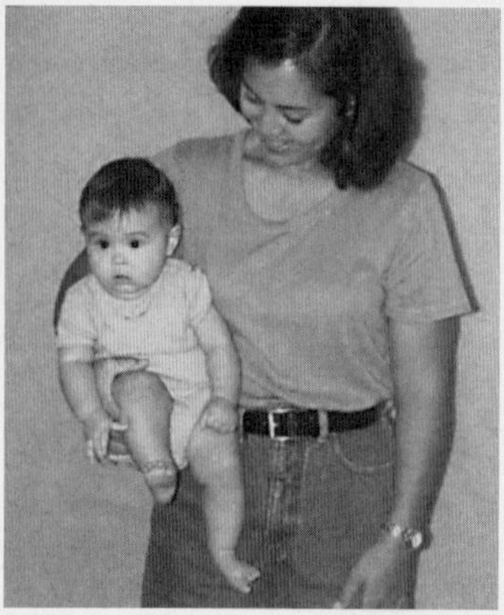

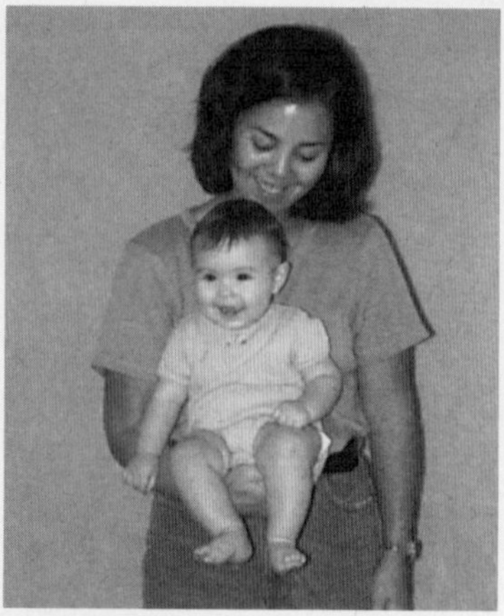

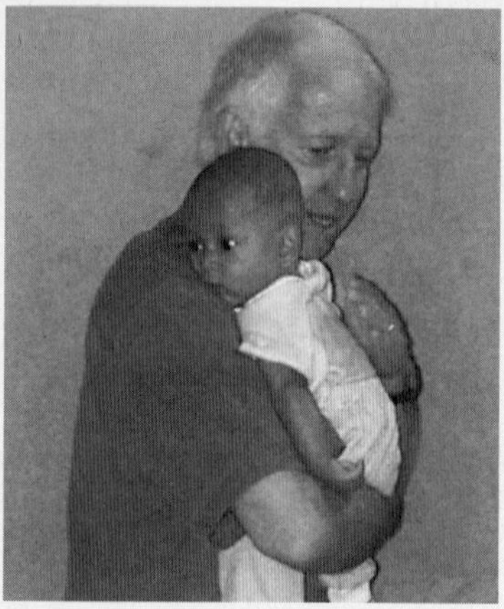

Éstas son las mejores posiciones para llevar en brazos a un bebé con bajo tono muscular. En la posición de la fotografía superior, si el bebé baja los brazos pegándolos a su cuerpo (como se muestra en la fotografía), levánteselos de modo que apoye sus codos contra su pecho, para que el bebé haga prácticas de mantener la cabeza levantada y apoyar el peso en sus hombros.

EJERCICIO

Piernas bien juntas

HABILIDADES QUE DESARROLLA

- Experimentar la sensación de tener las piernas y las rodillas bien juntas.
- Levantar ambas piernas a la vez.
- Dormir con las piernas bien juntas.
- Impedir que los músculos de las piernas sufran un estiramiento excesivo.
- Estimular el desarrollo de las piernas y de la cadera.

MATERIAL

- Un faldón o camisola fruncido con una cinta o una funda nórdica aproximadamente del mismo tamaño que el cuerpo del bebé, de modo que se adapte a él pero que no le quede demasiado ceñida.

EJERCICIO

- Ponga a su hijo la camisola o póngalo en la funda nórdica, introduciendo primero sus piernas.
- Coloque bien juntas las piernas del bebé dentro de la funda nórdica.
- Ponga a su hijo acostado boca arriba o de lado.
- Anime a su hijo a jugar en esta postura.

NOTA: cuando su hijo permanezca en su sillita para automóvil o en la sillita para bebé, ponga una toalla arrollada a ambos lados de las piernas para que las mantenga juntas.

Juguetes y consejos para bebés con tono muscular reducido

La mayor parte de los bebés con tono muscular reducido difícilmente se estimulan en exceso, de modo que cómprele juguetes que hagan ruido, con dibujos de colores vivos y de texturas interesantes. Es aconsejable que cuelgue en el dormitorio de su hijo dibujos y móviles de colores vivos. Para su cuna utilice sábanas y mantas estampadas asimismo en colores vivos. También lo pasará muy bien con cintas que toquen música infantil, al igual que con sonajeros o cascabeles.

Además es conveniente que le compre juguetes con los que, para jugar, tenga que estirar los brazos y las piernas, ya que mover el cuerpo contra la acción de la gravedad mejorará su tono muscular. Pueden ser muy entretenidos los sonajeros o cascabeles que puede atarle a manos o pies, así como las pulseras, los calcetines de colores vivos y las marionetas que puede manipular con las manos, y para lo cual tendrá que hacer muchos movimientos musculares. También puede pintarle las uñas de las manos de un color muy vivo o las uñas de los pies con un colorante alimentario no tóxico y lavable. Cómprele un gimnasio para bebé que mejorará el tono muscular de sus brazos y abdomen y le ayudará a desarrollar unas buenas reacciones de equilibrio, que lo prepararán para gatear y andar. También pueden jugar a los tres cerditos con los dedos de sus manos.

Si su bebé tiene dificultades para coger y sujetar objetos, cómprele juguetes pequeños y ligeros de unos cinco centímetros de tamaño que son más fáciles de coger y de levantar. Por ejemplo, un perrito de goma, sonajeros, llaves y juguetes de gomaespuma, pequeñas muñecas de trapo, libros de plástico o de trapo muy ligeros y juguetes hinchables. Ponga los juguetes muy cerca del bebé, de modo que pueda alcanzarlos fácilmente. Cuando sea algo mayor, cómprele juguetes que pueda empujar, como un carrito, porque cuando el bebé empuja un juguete está haciendo movimientos contra resistencia, lo que le ayuda a desarrollar el tono y la fuerza muscular.

También es aconsejable que su hijo pase algunos momentos del día en una hamaca o que lo meza poniéndolo en su regazo y sentándose en una mecedora. Los movimientos de la hamaca son un buen ejercicio para un bebé con bajo tono muscular y en realidad contribuyen a estimular el desarrollo de las conexiones neurales cerebrales. Ajústele bien el asiento, de modo que mantenga las piernas muy juntas, y póngale a cada lado una toalla arrollada para proporcionarle más estabilidad si es necesario.

Los juguetes musicales y los juguetes con dibujos en movimiento ayudarán a mantener a su bebé ocupado mientras juega acostado boca abajo. Si tiene problemas de visión, cómprele juguetes de colores muy vivos que sean fáciles de ver. Durante los juegos acostado boca abajo, también puede entretenerse si pone a su hijo sobre un edredón acolchado estampado en colores vivos y que sea musical.

Las tapas de tela decorada del biberón pueden ser un estímulo para que su hijo levante los brazos para cogerlo sin ayuda. Cuando esté preparado para beber de una taza, cómprele una taza con dos asas, que es más fácil de coger.

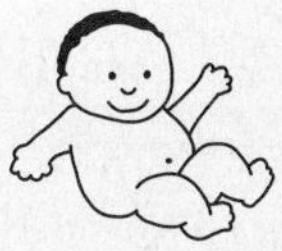

«¿Puede decirme por qué...?»

Respuestas a las preguntas que con frecuencia plantean los padres de bebés con tono muscular reducido

Mi hijo es un bebé muy bueno pero apenas se mueve. Se queda quieto en la misma postura en el lugar donde lo he dejado y parece perezoso. ¿Es frecuente este comportamiento en bebés con bajo tono muscular?

Sí es una conducta normal, porque para un bebé con bajo tono muscular moverse resulta un duro esfuerzo y los músculos pesan mucho. Al principio, su hijo necesitará que lo elogie cada vez que se mueve, mucho aliento y que le facilite el movimiento. Pero a medida que pase el tiempo le resultará mucho más fácil, al igual que le ocurre a usted cuando *hace* ejercicio. Practiquen los ejercicios durante breves períodos y repitan el mismo ejercicio muchas veces.

También es muy importante que no deje que su hijo se vuelva pasivo. No le haga la vida demasiado fácil; al contrario, desafíele para que sea activo y para que inicie los juegos y otras actividades.

Cuando visto a mi hijo su cuerpo parece muy blando, casi de goma, como si fuera a deslizarse entre mis dedos. Tengo que apoyar firmemente mis manos en su cuerpo para que no se caiga.

Es difícil sujetar a los bebés con bajo tono muscular porque carecen de la estabilidad suficiente y de la capacidad para mantener una posición. Su bebé aprenderá gradualmente a estabilizar su cuerpo; mientras tanto, asegúrese de que lo sujeta firmemente cuando lo coge en brazos. No debe cogerlo *nunca* por los brazos o tirar de sus piernas. Su hijo necesita un buen soporte para las grandes articulaciones.

¿Un bajo tono muscular significa que los músculos de mi bebé son débiles?

Muchos padres se muestran sorprendidos al saber que un bajo tono muscular habitualmente *no* se debe a una enfermedad de los propios músculos. Más bien, lo que es insuficiente y deficitario es el mensaje que *llega* a los músculos, indicándoles que han de iniciar el movimiento. En la mayoría de los casos, los propios músculos son por completo normales.

Mi bebé ha cumplido diez meses y no apoya el peso de su cuerpo en sus pies.

La causa de este problema podría ser un trastorno sensorial. Practiquen el ejercicio «Cepillo mis pies», descrito en el capítulo 8, o aplique presión en un pie del bebé apoyándolo contra un espejo o la pared. Para que este ejercicio sea más divertido, cuelgue un dibujo en el espejo o en la pared y diga a su bebé que lo toque con un pie y después con el otro pie. Cuando cambie a su bebé, júntele las piernas y haga que su hijo apoye bien los pies sobre el suelo o la tabla donde lo cambia. Asegúrese de que sus pies y piernas están bien alineados.

Mi bebé pesó tres mil cuatrocientos gramos al nacer, pero en este momento está demasiado regordete. ¿Es frecuente el sobrepeso en los bebés con bajo tono muscular?

Sí, en parte porque no se mueven tanto como los bebés de su edad, de modo que no queman el mismo número de calorías. A medida que su hijo se haga mayor, los kilos de más le harán más difícil moverse de modo que asegúrese de que no lo sobrealimenta. No obstante, en mi experiencia he observado que numerosos bebés con bajo tono muscular presentan un sobrepeso para su edad aun cuando no comen en exceso.

Es preciso que su hijo juegue en el suelo tanto tiempo como le sea posible, ya que durante los ejercicios en el suelo su actividad y movimientos son mayores que cuando está sentado en la sillita para bebé. También se beneficiará de un ejercicio regular y estructurado.

Lista de control de los bebés con tono muscular reducido: cuándo solicitar ayuda

- No logra un control de la cabeza que cuelga hacia un lado de su cuerpo.
- Tiene problemas para mantener la cabeza centrada en la línea media.
- Tiene dificultades para levantar la cabeza cuando está acostado boca abajo o para levantarla apoyando el peso de su cuerpo en los brazos.
- Apenas se mueve.
- Tiene dificultades para sostener el peso de su cuerpo cuando está de pie; su cuerpo flaquea y por último cae.
- Tiene las piernas rígidas.
- Para retroceder se ayuda con la cabeza.
- Tiene dificultades para sentarse sin ayuda, debido a la falta de equilibrio.
- Su cuerpo está flácido, con una rigidez intermitente y con problemas para doblarse.

Puntos clave para los bebés con tono muscular reducido

- Los momentos que el bebé pasa boca abajo son decisivos, si presentan un bajo tono muscular. Cuando su bebé está boca abajo, desarrolla los músculos del cuello, de la espalda y de los brazos y mejora los reflejos protectores que le ayudan a protegerse de una herida en la cabeza si sufre una caída mientras está sentado, de pie o anda.
- Los masajes diarios en el abdomen después del cambio del pañal tonifican los músculos abdominales del bebé y le ayudan a integrar las partes superior e inferior de su cuerpo.
- En general, recuerde que es difícil estimular en exceso a un bebé con bajo tono muscular, así que no se preocupe por el tiempo que pasan haciendo ejercicios. Cómprele juguetes de colores vivos y que emitan ruidos. También cómprele juguetes que lo animen a levantar los brazos y las piernas, porque los movimientos de su cuerpo contra la acción de la gravedad mejoran su tono muscular. Los juguetes ligeros son los más apropiados para bebés que tienen dificultades para coger objetos.
- El bebé con bajo tono muscular necesita unos zapatos altos que le provean un firme apoyo de los pies y los tobillos.
- Es más cómodo dejar que su bebé sea un niño pasivo, pero su desarrollo será mucho mejor si usted lo estimula para que se mueva. Es necesario que todos los días practiquen actividades que ayuden al bebé a desarrollar el tono muscular y una mayor estabilidad.

Bebés con retraso del desarrollo

Cuando pienso en los bebés con retraso del desarrollo, siempre recuerdo el maravilloso ensayo *Bienvenidos a Holanda*, de Emily Pearl Kingsley. Kingsley compara la experiencia de ser el padre de un niño con un retraso del desarrollo con la experiencia de planear un viaje a Italia, con la pequeña diferencia de descubrir que por confusión uno ha sido enviado a Holanda. No es que sea un país sin interés, escribe Kingsley, «sino simplemente un país diferente... Y después de haber permanecido en el país durante cierto tiempo, a uno se le corta la respiración, mira a su alrededor y uno empieza a darse cuenta de que Holanda tiene maravillosos molinos de viento... y Holanda tiene tulipanes y hasta incluso Rembrandts».

Este símil puede ayudar a entender el momento en que se informa a unos padres de que su hijo padece un retraso del desarrollo. Al principio, les cuesta aceptarlo y la noticia les causa una profunda conmoción, pero pronto descubren que su hijo les llena de alegría y hace las delicias de todo el mundo y que el hecho de que sea diferente no significa en absoluto que sea «malo». A partir de décadas de experiencia con bebés especiales y sus padres, le aseguro que un niño con un retraso del desarrollo le dará tantos motivos de dicha como se los daría cualquier niño sin este problema.

Sin embargo, esto no significa que se enfrente a multitud de retos, en especial cuando su hijo sea muy pequeño, pero con la ayuda de un buen programa de educación especial y de un tratamiento específico, además de un gran esfuerzo por su parte, lo superarán.

¿Qué significa retraso del desarrollo?

El retraso del desarrollo es una categoría muy amplia que incluye a muchos bebés con procesos diferentes. Algunos, con el tiempo, se pondrán al nivel de los otros niños de su edad, pero otros seguirán presentando un retraso. Pero no debe desarrollar con demasiada rapidez ideas preconcebidas sobre lo que su hijo puede lograr o no logrará jamás. Por ejemplo, dos de mis pacientes con síndrome de Down han podido terminar estudios intermedios y prácticamente son independientes. Aunque un gran número de adultos con retraso del desarrollo no funcionan a este nivel, la mayoría viven en la comunidad, trabajan, y llevan una vida plena y dichosa.

Es probable que nadie, ni siquiera el pediatra de su hijo, pueda predecir los logros que su hijo será capaz de alcanzar cuando crezca. No obstante, sea cual sea su potencial, puede maximizar su progreso tratando de encontrar programas de intervención precoz poniéndose en contacto con su ayuntamiento, hospital pediátrico u organizaciones dedicadas a niños con retrasos del desarrollo.

Lo que debe esperar: algunas características frecuentes del retraso del desarrollo

Si es usted la madre de un bebé con retraso del desarrollo es importante que se olvide de los gráficos y curvas estándar del desarrollo y crecimiento, porque su bebé se desarrollará y aprenderá a su propio ritmo. Probablemente tardará más en adquirir algunas habilidades motoras, como las necesarias para sentarse y andar, y es probable que necesite más tiempo que los demás bebés para desarrollar las habilidades de lenguaje y juego. Algunos bebés con retraso del desarrollo son lentos en todas las esferas, mientras que otros adquieren algunas habilidades en un estadio normal y otras, por el contrario, con un gran retraso.

Su hijo puede tener dificultades para mamar y para cogerse al pecho y puede dormir mucho. Los alimentos sólidos pueden ser causa de atragantamiento y sólo querrá comer unos pocos. Probablemente permanecerá en el estadio oral un tiempo más prolongado que la mayoría de los bebés, y todavía le gustará introducirse objetos o sus dedos en la boca cuando cumpla seis meses o un año (o incluso sea mayor). Puede tener dificultades con las habilidades motoras orales como mantener la lengua dentro de la boca, por lo que puede babear la mayoría del tiempo, aunque el tratamiento puede mitigar o resolver estos problemas.

Muchos bebés con retraso del desarrollo son niños adorables y muy sociables y la gente los encuentra encantadores. En ocasiones pueden sentarse en el mismo lugar durante horas. Su bebé puede ser uno de estos niños «fáciles de tratar» y poco exigentes, sobre todo si padece el síndrome de Down.

Sin embargo, otros bebés con retraso del desarrollo tienen tendencia a mostrarse muy obstinados. Algunos también son excesivamente sensibles y tienen dificultades para establecer un contacto visual.

Si su hijo se sobreestimula fácilmente o evita el contacto con la gente, preséntele nuevos sonidos y gente nueva muy gradualmente. Esfuércese para desarrollar su contacto visual y para que mantenga la atención visual; una buena técnica es echarse a su lado y decirle firmemente «mírame», haciendo una «V» con los dedos al mismo tiempo que señala sus ojos. Y no se lo tome a mal si su hijo evita mirarla. Las dificultades para establecer un contacto visual parecen originarse en problemas visuales y sensoriales; *no significa* ni mucho menos que su hijo la esté rechazando. Recompénselo cada vez que la mire, dándole un biberón o un juguete.

Su hijo puede tener dificultades para integrar y comprender el movimiento, los sonidos, los colores y las caras. Para superar estos problemas, necesitará practicar el seguimiento de objetos con sus ojos, localizando y «fijando» los sonidos o miradas, y relacionando las miradas con los sonidos (por ejemplo, comprender que su gatito emite maullidos).

Cuando haga ejercicios con su bebé, recuerde que necesita repetir muchas veces los movimientos y cada una de las actividades. Con frecuencia, después de la décima o centésima vez, se dará cuenta de que su hijo lo comprende, como si le estuviera diciendo «oh, ya lo entiendo». Tenga paciencia y refuércelo positivamente. Al principio, elogie cualquier intento de su hijo y después, gradualmente, modele las respuestas del bebé con elogios más entusiastas cuando sus respuestas sean muy parecidas al ejercicio que ambos están tratando de practicar. Asegúrese de que le da órdenes muy simples de una o dos palabras. Por encima de todo, deje que su hijo progrese a su propio ritmo.

Por otra parte, algunos de estos bebés solamente presentan un déficit específico del desarrollo, por ejemplo una sordera, que, en función de su gravedad, puede causar más o menos repercusiones en su desarrollo. Por ejemplo, un niño con una sordera ligera no tendrá problemas de adquisición de las habilidades del lenguaje pero la articulación y la voz serán defectuosas. Además sus problemas de comunicación verbal pueden repercutir en su carácter y en general son bebés poco disciplinados, testarudos y con escasa tolerancia a la frustración.

Los bebés con síndrome de Down padecen un retraso intelectual constante, pero de grado variable, ya que algunos presentan cocientes intelectuales en los límites de la normalidad (setenta y cinco). Su desarrollo psicomotor es más lento, porque además presentan un tono muscular reducido. Sus demandas afectivas hacen que sean bebés muy gratificantes para sus madres. Su retraso es notable: aprenden a andar a los dos o tres años y adquieren el lenguaje a los cuatro o cinco años, con un frecuente tartamudeo. En general, son bebés alegres que tienen necesidad de contacto físico y a los que les gusta mucho jugar.

En el caso de la parálisis cerebral, el bebé tiene afectadas las capacidades motoras. El grado de parálisis es variable y puede fluctuar entre una ligera rigidez, que apenas dificulta la deambulación, hasta una grave contractura que hace imposible los movimientos. La parálisis cerebral suele deberse a un traumatismo durante el parto y, con menos frecuencia, a la prematuridad. El nivel intelectual de estos bebés puede ser normal. En general presentan un bajo tono muscular con posiciones viciosas de los pies. En general adquieren las habilidades del lenguaje, pero la afectación motora del aparato fonatorio puede ocasionar problemas de la articulación. Desde el punto de vista del carácter, los bebés con parálisis cerebral suelen ser niños fáciles, sumisos y pasivos que necesitan una estimulación contante.

Las actividades descritas a continuación ayudarán a su bebé a aprender a jugar, a explorar su mundo y a desarrollar habilidades cognitivas. Dado que no existen dos bebés especiales que sean iguales, conviene que revise los otros apartados de este capítulo en busca de ejercicios y actividades que pueden beneficiar al bebé. En especial, muchos bebés con retrasos del desarrollo presentan un bajo tono muscular (véase el apartado previo). Si su bebé está en un programa de terapia, pregunte al terapeuta qué ejercicios serán de más utilidad.

Ejercicio

Juega boca abajo

HABILIDADES QUE DESARROLLA

- Jugar mientras está boca abajo.
- Desarrollar la coordinación óculo-manual.
- Explorar la sensación de equilibrio y la de desplazar el peso de su cuerpo sin caerse.
- Mejorar la fuerza de los brazos y los hombros.
- Utilizar las manos y los dedos de las manos para desarrollar las habilidades de coordinación motora fina.

MATERIAL

- Una superficie mullida.
- Una funda nórdica de colores vivos a la que atará juguetes blandos, de colores vivos, dibujos de caras, y un espejo blando para bebé.

EJERCICIO

- Ponga a su bebé en el suelo, cara abajo y échese a su lado o póngase detrás de él. Ponga su mano debajo de su abdomen y levántelo de modo que sus brazos queden bien extendidos hacia delante. Utilice la otra mano para estirar los brazos del bebé. Asegúrese de que los codos del bebé están alineados con sus hombros y de que tiene las manos bien extendidas.

- Anime a su bebé a estirarse y a tocar un objeto interesante sobre la colcha.
- Si su hijo se pone nervioso, sujételo con más firmeza por el abdomen o utilice una pequeña toalla arrollada.
- Siempre debe supervisar a su hijo cuando esté acostado boca abajo, para estar segura de que sus vías respiratorias están despejadas y de que no se queda dormido en esta postura, con lo que correría un riesgo de muerte súbita.
- Si nota que su hijo se cansa, acuéstelo boca arriba.
- Si se pone muy nervioso cuando está boca abajo en el suelo, póngaselo en el regazo un poco inclinado.

Juguetes y consejos para bebés con retraso del desarrollo

A los bebés con retraso del desarrollo les gustan los juguetes que sean fáciles de manipular, por ejemplo, los libros con botones para pulsar o juguetes con grandes llaves para darles cuerda. Los juguetes musicales que al moverse hacen dibujos de muchos colores también son una buena elección, ya que estimulan varios sentidos del bebé al mismo tiempo.

Jueguen a hacer pompas de jabón; a su hijo le gustará mirar cómo flotan en el aire y, al mirarlas, mejorarán sus habilidades de seguimiento visual de los objetos. Si se cansa de esta actividad antes que su hijo, utilice un abanico o un ventilador para hacer las pompas de jabón. Déle también gelatina de colores, con sabor a frutas, un bote de nata envasada a presión o yogur para que pinte con los dedos; lo pasará muy bien y es un buen ejercicio para los brazos y las manos al mismo tiempo.

Es muy importante que su hijo se mueva, así que cómprele una hamaca o siéntese con él en una mecedora. Conviene que su bebé pase como mínimo treinta minutos al día en la hamaca o en su regazo sentados en una mecedora. También lo pasará muy bien acostado en un colchón hinchable, ya que así se verá obligado a hacer mucho ejercicio y mejorará sus habilidades de equilibrio. Sin embargo, no lo deje nunca solo. También puede fabricar su propio juguete educativo llenando de bolas de plástico (que puede comprar en una juguetería) una caja de cartón y haciendo que su hijo las pesque y las ensarte con otros juguetes a través de la tapa. Siempre supervise a su hijo cuando se entretenga con este juego.

Los juguetes blandos, de goma, que son muy ligeros, son muy apropiados para bebés con dificultades para coger objetos. Para los momentos en los que su hijo permanece acostado boca abajo póngalo sobre una colcha de colores vivos con el objeto de proporcionarle información sensorial y mantener su interés mientras se mueve y juega. Para enseñar a su hijo el concepto de «permanencia de objeto», es decir que la gente y los objetos existen aunque no los pueda ver, déle una pequeña muñeca cosida a una manta. Jueguen al «cucú, ¿está?» utilizando la manta para ocultar la muñeca. Si al principio su hijo no parece interesado en un juguete, no desista. Enséñele cómo jugar con él, poniendo su mano sobre el juguete y ayudándole a pulsar los botones o a dar cuerda a un juguete. No desista, ya que es muy probable que su hijo al final crea que lo pasa muy bien con el nuevo juguete.

«¿PUEDE DECIRME POR QUÉ...?»

Respuestas a las preguntas que con frecuencia plantean los padres de bebés con retraso del desarrollo

Me siento abrumada por todas las visitas al médico, visitas al terapeuta y el papeleo necesario con la Seguridad Social con el que tengo que enfrentarme. ¿Será así toda mi vida a partir de ahora?

No es usted la única que se siente estresada. La mayoría de los padres de bebés con necesidades especiales suelen decir: «no es mi hijo quien me volverá loco sino el sistema». Los primeros años de la crianza de un bebé con necesidades especiales suelen ser los más agitados y con frecuencia parece como si su hijo se hubiera convertido en un diagnóstico más que en un niño. La buena noticia es que en general su vida será menos atareada y más normal cuando su hijo alcance la edad preescolar.

Mientras tanto, es importante que comprenda que no se puede ser una supermamá todos los días. Establezca sus prioridades, y no se sienta culpable si en ocasiones se toma un día libre mientras otra persona cuida de su hijo. Asimismo, solicite ayuda a sus amigos y a sus familiares para que acompañen al niño a las sesiones de terapia. En circunstancias especiales, la Seguridad Social también puede enviarle un terapeuta a casa.

Y lo que es más importante todavía, recuerde que su hijo no es «un impedimento»: su hijo es un ser maravilloso, exclusivo, que está creciendo y aprendiendo y que le proporciona satisfacciones especiales, además de tener necesidades especiales. Tómese su tiempo para disfrutar de él y sentirse orgullosa de él, a la vez que se siente orgullosa de usted, por toda la ayuda que le está prestando.

El pediatra de nuestro hijo está a punto de retirarle la alimentación con sonda e iniciar la alimentación independiente, pero cada vez que le he dado un biberón, no parece comer gran cosa. ¿Qué podemos hacer?

Su médico puede referirle a un terapeuta experto en problemas de alimentación. Además puede probar las actividades descritas a continuación:

- Anime a su hijo a chuparse los dedos. Esto contribuirá a desarrollar los músculos de la lengua, y le ayudará a acostumbrarse a la sensación de tener algo en la boca. Al principio su hijo puede considerarlo desagradable, pero no desista, hágale practicar succiones con el pulgar al menos dos veces al día, y es probable que en último término lo pase muy bien con esta actividad.
- Póngale juguetes de goma, blandos, en la boca (asegúrese de que no son demasiado pequeños como para que se los pueda tragar) y anímelo a chuparlos y a masticarlos. Esto mejorará sus habilidades de alimentación y sus habilidades futuras para hablar.
- Déle «paseos por la lengua» presionando con su dedo la lengua del bebé a intervalos de medio centímetro desde la punta hasta el centro de la lengua. Además, déle golpecitos en la mejilla.
- Si su bebé ha cumplido como mínimo los cuatro meses, pregunte a su pediatra si ya puede introducir en su alimentación las papillas de cereales, más espesas, pero no se las dé nunca en el biberón.
- Dé a su hijo pequeñas cantidades de líquido con una cucharita. Presione la lengua con la cucharita y deje que se apoye sobre su labio inferior. Espere hasta que utilice su labio superior para comer. Pero sólo haga este ejercicio si el médico lo autoriza.

El pediatra me ha dicho que mi hijo puede empezar a ir a una escuela para niños con problemas del desarrollo cuando tenga seis meses. ¿No es demasiado temprano? ¿No será presionarlo en exceso?

En los últimos años se ha puesto de manifiesto que una intervención precoz desempeña un papel decisivo para ayudar a los bebés con retrasos del desarrollo a desarrollar todo su potencial. El hecho de inscribir a su hijo en un programa terapéutico a una edad temprana no supone presionarlo en exceso, ya que los maestros y terapeutas expertos en estos bebés saben cómo desarrollar unos programas entretenidos. Probablemente se sorprenderá cuando compruebe lo bien que se lo pasa su hijo, e inscribirlo en una terapia o programa de educación especial también la beneficiará a usted, ya que se pondrá en contacto con otros padres que se enfrentan a los mismos retos que usted. Podrá compartir ideas, preocupaciones e incluso cuidadores (si es tan afortunada de tener uno), y es probable que haga amigos para toda la vida.

Lista de control de los bebés con retraso del desarrollo: cuándo solicitar ayuda

- Tarda mucho en sentarse.
- Tarda mucho en levantar la cabeza.
- Tarda mucho en responder a los sonidos.
- No juega solo.
- A los diez meses, tiene dificultades o no puede imitar gestos como chasquidos con los labios, dar palmadas, sonidos vocales como «ooo» y sonreír.
- Casi siempre se pone objetos en la boca en lugar de jugar con ellos.
- No se mueve y no va detrás de un juguete.
- Se mueve muy lentamente.
- Emplea muy pocas vocalizaciones variadas.
- No parece interesado en jugar con juguetes.
- No parece interesado en otras personas.

Puntos clave para los niños con retraso del desarrollo

- Con una educación, terapia y un considerable esfuerzo y ayuda por parte de los padres, los bebés con retraso del desarrollo pueden hacer notables progresos. Su desarrollo es más lento, pero *pueden* aprender, con frecuencia mucho más de lo que ustedes prevén.
- Cuando enseñe a su hijo nuevas habilidades tenga en cuenta que necesita repetir los ejercicios muchas veces antes de llegar a hacerlos bien. Sea positiva y anímelo. Planifique actividades regulares y estructuradas más que esperar que su hijo inicie la actividad.
- Los bebés con retraso del desarrollo lo pasan muy bien con juguetes que son fáciles de manejar, por ejemplo los juguetes con botones para pulsar o grandes llaves para darles cuerda. Los juguetes musicales también son una buena elección. A estos bebés les gusta mucho la música, y con frecuencia aprenden y hacen mejor ejercicio con música de fondo.
- Estimule a su bebé para que se mueva. Lo pasará muy bien cantando y meciéndose y estas actividades le ayudarán a desarrollar las conexiones entre ambos hemisferios cerebrales.

Al igual que todos los bebés, los bebés con retraso del desarrollo se benefician de la actividad estructurada y de los elogios. También pueden beneficiarse cuando sus padres los retan para que alcancen su pleno potencial, de modo que no se lo dé todo hecho. Ocasionalmente, presiónele un poco y ya verá cuán lejos puede llegar.

Unas palabras sobre el tratamiento pediátrico

Si su hijo tiene problemas físicos de importancia, probablemente tendrá que consultar a un terapeuta pediátrico. El tratamiento precoz puede ayudar a su hijo a ponerse al día y alcanzar el nivel de otros niños de su edad antes de que pase por alto importantes estadios de su desarrollo. La mayoría de los niños lo pasan muy bien con las sesiones de terapia, ya que incluyen actividades interesantes destinadas a ser del mismo nivel que sus intereses y capacidades.

Bebés que pueden necesitar una ayuda y terapia precoces

PROBLEMAS DE SALUD

- Bebés que han padecido complicaciones durante el parto.
- Prematuridad.
- Bebés pequeños para la edad gestacional, es decir, bebés cuyo peso es bajo en relación con la edad gestacional (por ejemplo, un bebé nacido a término que ha pesado menos de dos mil quinientos gramos al nacer o un bebé prematuro nacido a las 36 semanas cuyo peso ha sido inferior a dos mil gramos).
- Incapacidad para desarrollarse o un escaso aumento de peso.
- Hemorragia intracraneal.
- Cirugía cardíaca, por ejemplo por malformaciones congénitas.

PROBLEMAS DEL DESARROLLO

- Desarrollo lento.
- Síndrome cromosómico o genético.

NECESIDADES ORTOPÉDICAS

- Espina bífida.
- Tortícolis.
- Convulsiones.
- Asimetría.

PROBLEMAS NEUROLÓGICOS

- Traumatismo craneal.
- Convulsiones.
- Tono muscular atípico.
- Debilidad muscular.

Los bebés prematuros son vulnerables a muchas enfermedades. En casos excepcionales, pueden persistir secuelas del desarrollo que se manifiestan como minusvalías importantes (por ejemplo, una parálisis cerebral o un retraso mental), como alteraciones sensoriales (pérdida auditiva o sordera evidente o alteraciones visuales) o una disfunción cerebral mínima con alteraciones del lenguaje, incapacidad para el aprendizaje, hiperactividad, un déficit de atención o alteraciones de la conducta.

Entre las anomalías cromosómicas, una de las más frecuentes es el síndrome de Down, que aparece en uno de cada seiscientos bebés nacidos vivos.

A pesar de que las enfermedades que causan convulsiones en un bebé suelen asociarse con lesiones neurológicas permanentes, casi la mitad de bebés que padecen convulsiones y sobreviven serán normales a los cinco años. Si su hijo ha sufrido convulsiones y el pediatra le prescribe un tratamiento anticonvulsionante, probablemente durante los primeros días deberá permanecer ingresado en el hospital, ya que este tratamiento puede causar una depresión de la respiración del bebé e incluso un paro respiratorio.

La espina bífida es una de las malformaciones más graves que puede padecer un bebé y consiste en el cierre defectuoso de la columna vertebral con lo que pueden quedar al descubierto las meninges, la médula espinal o ambas. Cuando en la espina bífida se afecta la médula espinal, pueden aparecer grados variables de parálisis, que ya está presente durante la vida intrauterina, por lo que al nacer el bebé presentará problemas ortopédicos, como un pie zambo, además de otros problemas, como incontinencia de esfínteres.

El tratamiento de la espina bífida requiere un esfuerzo multidisciplinario de cirujanos, urólogos, ortopedas y pediatras.

Visitas del pediatra

Al nacer el bebé, el pediatra lo visitará en el hospital procediendo a una exploración completa en la que puede asegurarse del desarrollo normal del niño:

- Normalidad de los reflejos del bebé
- Esquema del llanto
- Frecuencia de las deposiciones

En esta visita, además de los aspectos de alimentación, seguridad y crianza, el pediatra probablemente insistirá en aspectos como:

- Importancia de la lactancia materna
- Necesidad de cogerlo y mantener un contacto estrecho con los padres
- Importancia de disfrutar con el bebé
- En la visita a las dos semanas, el pediatra insistirá en:
  - — Lo que el bebé es capaz de hacer (por ejemplo, fijarse en la cara de mamá)
  - — Revisar el desarrollo durante los dos meses siguientes, sobre todo levantar la cabeza.
  - — Necesidad de cogerlo y arrullarlo.
  - — No dejarlo nunca solo sin vigilancia.

Y así sucesivamente con la visita a los dos, cuatro, seis, nueve y doce meses. En el curso de estas visitas es conveniente que exprese cualquier duda acerca del desarrollo de su hijo, tanto motor como sensorial, de sus habilidades del lenguaje, etcétera, ya que, si en estas primeras visitas el pediatra identifica un problema, puede elaborarse un plan de terapia precoz para que su hijo pueda alcanzar todo su potencial.

Algunos bebés son referidos por el pediatra para una terapia casi inmediatamente después del alta del hospital, y otros bebés serán referidos para una terapia en algún momento durante el primer año de vida. Con el recorte de los gastos sanitarios y el advenimiento de la asistencia gestionada, en muchos países el acceso a estos servicios en ocasiones es muy limitado. Es posible que tenga que hacer muchos esfuerzos y gestiones para obtener dichos servicios, pero su afán se verá recompensado. Con una intervención precoz y un programa domiciliario, su hijo será capaz de alcanzar todo su potencial.

Habitualmente, después de cada sesión de terapia, el terapeuta le dará «deberes» para que practique con su hijo en casa. Estos pueden incluir formas de vestirlo, alimentarlo y jugar con su hijo en diversas posturas. Asegúrese de hacer todos los ejercicios y actividades sugeridos por el terapeuta, porque el tiempo adicional que invierta en su hijo puede acelerar considerablemente los progresos del bebé. Pueden participar activamente en la terapia de su hijo los abuelos, cuidadores y los hermanos mayores. Lejos de ser estresante o difícil, el tiempo dedicado a la terapia puede ser una experiencia muy entretenida y dichosa, llena de sonrisas, bromas y momentos memorables.

Es necesario que encuentre a un terapeuta que sea de su agrado, que le resulte convincente y a quien pueda exponer todas sus dudas y temores. No dude en investigar cuál es el mejor o el que tiene más experiencia, al igual que lo habrá hecho cuando ha escogido el pediatra o el médico de su hijo. Además, busque a un terapeuta que esté de acuerdo en que usted intervenga en el programa de terapia y participe en el tratamiento de su hijo, y no se comporte solamente como una simple espectadora.

Una vez que empiece, sea perseverante, incluso si algunas sesiones son aburridas o frustrantes. Algo que he aprendido en más de veinte años de trabajo con bebés «especiales», es que pueden obtener unos logros sorprendentes. Con independencia de que dicho logro sea llegar a sentarse sin ayuda, emitir una palabra, coger una cuchara o dar los primeros pasos, cada uno de los logros de su bebé pagará con creces su duro trabajo.

Epílogo

Espero que tanto usted como el bebé lo hayan pasado muy bien con los ejercicios y actividades descritos en este libro, y mi deseo es que, a medida que su hijo crezca, continúen practicando juntos todos estos ejercicios, además de compartir muchos juegos. A medida que su hijo crezca y madure, encontrará multitud de actividades, desde juegos de pelota hasta la natación, con los que disfrutarán todos los miembros de la familia. Son medios maravillosos para que usted y su hijo desarrollen unos vínculos de afecto cada vez más sólidos.

Además de llevar a cabo los ejercicios con su hijo, cada día es necesario que se reserve tiempo para leer o jugar juntos. Enriquecer el entorno de su hijo puede ser tan sencillo como compartir un juego de construcciones, pasarlo bien durante el ritual de lectura a la hora de acostarse, o incluso jugar a salpicarse con agua en el fregadero. Por ajetreado que sea su horario de trabajo, asegúrese de que «se reserva tiempo» para jugar con su hijo. La infancia de su bebé pasa en un soplo, y es muy importante atesorar el recuerdo de los momentos que han pasado juntos. Cuando comparta con su hijo actividades divertidas, no solamente contribuirá a fortalecer la mente y el cuerpo de su hijo, sino también los vínculos familiares. Además, creará recuerdos maravillosos que perdurarán toda la vida.

EL NIÑO Y SU MUNDO

Títulos publicados:

1. **Juegos para desarrollar la inteligencia del bebé** - *Jackie Silberg*

2. **Juegos para desarrollar la inteligencia del niño de 1 a 2 años** - *Jackie Silberg*

3. **Luz de estrellas. Meditaciones para niños 1** - *Maureen Garth*

4. **Rayo de luna. Meditaciones para niños 2** - *Maureen Garth*

5. **Enseñar a meditar a los niños** - *David Fontana e Ingrid Slack*

6. **Los niños y la naturaleza** - *Leslie Hamilton*

7. **Rayo de sol. Meditaciones para niños 3** - *Maureen Garth*

8. **El jardín interior** - *Maureen Garth*

9. **300 juegos de 3 minutos** - *Jackie Silberg*

10. **Educar niños felices y obedientes con disciplina positiva** - *Virginia K. Stowe* y *Andrea Thompson*

11. **Juegos para hacer pensar a los bebés** - *Jackie Silberg*

12. **Luz de la tierra. Meditaciones para niños 4** - *Maureen Garth*

13. **El espacio interior** - *Maureen Garth*

14. **Comidas sanas y nutritivas para el bebé** - *Marie Binet y Roseline Jadfard*

15. **El ABC de la salud de tu hijo** - *William Feldman*

16. **Cómo contar cuentos a los niños** - *Shirley C. Raines y Rebecca Isbell*

17. Niños felices - *Michael Grose*

18. Tu bebé juega y aprende - *Penny Warner*

19. Comidas sanas, niños sanos - *Bridget Swinney*

20. Enseña a tu hijo a ser creativo - *Lee Hausner y Jeremy Schlosberg*

21. Enseña a tu hijo a concentrarse - *Lee Hausner y Jeremy Schlosberg*

22. Los gestos del bebé - *Linda Acredolo y Susan Goodwyn*

23. Actividades para aprender. El bebé - *Ina Massler Levin y Michael H. Levin*

24. Actividades para aprender. El niño de 1 año
Marla Pender McGhee

25. Juegos para hacer pensar a los niños de 1 a 3 años
Jackie Silberg

26. El mundo emocional del niño - *Isabelle Filliozat*

27. Normas educativas para padres responsables - *Nan Silver*

28. Cómo hablar con tu bebé - *Dorothy P. Dougherty*

29. Actividades para aprender. El niño de 2 años
Ina Massler Levin y Michael H. Levin

30. Actividades para aprender. El niño de 3 años - *Grace Jasmine*

31. 24 horas al día con tu bebé - *Barbara Rowley*

32. El arte de contar cuentos a los niños
Shirley C. Raines y Rebecca Isbell

33. Los primeros pasos del bebé - *Susan Fox*

OTROS LIBROS DE EDICIONES ONIRO
PARA POTENCIAR EL BIENESTAR DE TU BEBÉ

DIARIO DEL PRIMER AÑO DE MI BEBÉ
Guía práctica del desarrollo social, físico y cognitivo de tu hijo durante los doce primeros meses de vida
HARRIS, A. C.

224 páginas
Formato: 19,5 x 24,5 cm
Libros singulares

LA LACTANCIA NATURAL
Guía práctica sobre la mejor manera de amamantar a tu bebé
LOTHROP, H.

304 páginas
Formato: 17 x 24 cm
Manuales para la salud 5

EL ABC DE LA SALUD DE TU HIJO
Todo lo que los padres necesitan saber acerca de la salud de sus hijos
FELDMAN, W.

264 páginas
Formato: 19 x 22,8 cm
El niño y su mundo 15

YOGA PARA EL BEBÉ
Ejercicios y masajes que te ayudarán a crear un vínculo físico, emocional y espiritual con tu bebé
GOODSON PARKER, D., Y BRESSLER, K. W.

192 páginas
Formato: 19,5 x 24,5 cm
Manuales para la salud 7

Otros libros de Ediciones Oniro para potenciar el bienestar de tu bebé

LOS GESTOS DEL BEBÉ
Cómo hablar con tu hijo antes de que él sepa hablar
Acredolo, L., y Goodwyn, S.

192 páginas
Formato: 15,2 x 23 cm
El niño y su mundo 22

MASAJES PARA BEBÉS Y NIÑOS
Técnicas de masaje suave para potenciar una profunda comunicación con tu hijo
Klein, M.

112 páginas
Formato: 19,5 x 24,5 cm
Manuales para la salud 9

CÓMO HABLAR CON TU BEBÉ
Guía para estimular el lenguaje y reforzar los vínculos afectivos
Dougherty, D. P.

144 páginas
Formato: 15,2 x 23 cm
El niño y su mundo 28

LIBROS DE JUEGOS Y ACTIVIDADES PARA EL BEBÉ EN EDICIONES ONIRO

JUEGOS PARA DESARROLLAR LA INTELIGENCIA DEL BEBÉ
SILBERG, J.

288 páginas
Formato: 15,2 x 23 cm
El niño y su mundo 1

JUEGOS PARA HACER PENSAR A LOS BEBÉS
Actividades sencillas para estimular el desarrollo mental desde los primeros días de vida
SILBERG, J.

144 páginas
Formato: 15,2 x 23 cm
El niño y su mundo 11

TU BEBÉ JUEGA Y APRENDE
160 juegos y actividades de aprendizaje para los tres primeros años
WARNER, P.

192 páginas
Formato: 19,5 x 24,5 cm
El niño y su mundo 18

ACTIVIDADES PARA APRENDER. EL BEBÉ
MASSLER LEVIN, I., Y LEVIN, M. H.

80 páginas
Formato: 19,5 x 24,5 cm
El niño y su mundo 23

24 HORAS AL DÍA CON TU BEBÉ
Juegos, actividades e ideas divertidas para entretener a tu hijo
ROWLEY, B.

304 páginas
Formato: 15,2 x 23 cm
El niño y su mundo 31